Norbert Müller

ALDI
Das 5-vor-12-Kochbuch

Schnell, billig und gut.
Alles in 30 Minuten auf den Tisch

Südwest

Raffinierte Köstlichkeiten in Rekordzeit. Mit ALDI.

Inhalt

*Delikater Start für
ein großes Menü aus
einfachen Zutaten:
Möhren-Zucchini-
Suppe.*

*Exotisch kochen –
mit ALDI-Zutaten
von nebenan. Ob
Spinatreis mit
Mandeln (siehe
Abbildung) oder
Türkisches Walnuss-
huhn, mit ein biss-
chen Phantasie und
dem vorliegenden
Kochbuch ist alles
kein Problem.*

ALDI – ein Freund der schnellen Küche

Wer sich Zeit zum Essen nehmen will, hat oft weniger Zeit zum Kochen. Hier ist die schnelle Küche mit ALDI eine ideale Lösung: Zaubern Sie in 20 oder 30 Minuten ein schmackhaftes Gericht – mit Zutaten, die Sie alle im selben Laden erhalten. Wenn Sie jetzt noch das alte Vorurteil über Bord werfen, bei ALDI gäbe es nur zweit- oder drittklassige Lebensmittel zu kaufen, dann steht dem schnellen Genuss nichts mehr im Weg.

Kürzer kochen, länger essen

Der Spaß beim Kochen hört oft schon mit dem Blick auf die Zubereitungszeiten auf. Vor allem diejenigen, die sich für Beruf und Haushalt entschieden haben, können und wollen nicht stundenlang in der Küche stehen, um besondere Genüsse zuzubereiten. Aber auch für alle, die nicht unter dem alltäglichen Zeitdruck stehen, ist es nützlich, Rezepte zu kennen, mit denen sich in kurzer Zeit schmackhafte Gerichte auf den Tisch bringen lassen. Sie werden überrascht sein, welche Köstlichkeiten sich in höchstens 30 Minuten zubereiten lassen.

Viele Menschen haben weder Zeit noch Lust, den ganzen Tag in der Küche zu verbringen. Und wer kann oder will schon jeden Tag im Restaurant essen? Auf kulinarische Genüsse müssen Sie deshalb noch lange nicht verzichten.

Die Zeiten ändern sich

Dabei muss ein Wort zu dem Vorurteil gesagt werden, dass Schnellgerichte phantasielos, eintönig und ein Greuel für Feinschmecker seien. Oft ist das Gegenteil der Fall. Gerade die moderne internationale Küche ist eine schnelle Küche. Die Zutaten werden nicht mehr bis zur Unkenntlichkeit zerkocht, und durch kurze Garzeiten bleiben Eigengeschmack und Inhaltsstoffe der Lebensmittel besser erhalten. Die Speisen sehen appetitlicher aus und sind gesünder. Natürlich gilt dies nicht für jedes Gericht. Ein knuspriger Schweinebraten kann nicht in einer halben Stunde fertig sein, gebratene Hähnchen und Enten brauchen einfach ihre Zeit, und Rouladen und Gulasch müssen eben eine Weile schmoren. Aber solche Gerichte will man auch nicht jeden Tag essen, und bei der Vielzahl an immer wieder neuen Rezepten für kurz gebratenes Fleisch wird man sie auch nicht vermissen.

Eine Einschränkung des Arbeits- und Zeitaufwands ist heutzutage nicht mehr gleichbedeutend mit einer Einschränkung der Möglichkeiten. So kann man mittlerweile auf ein breites Spektrum an Fertig- und Halbfertigprodukten zurückgreifen, die einem die Arbeit um vieles erleichtern.

Ob Vorspeisen oder Snacks ...

Während man früher für eine gute Suppe zuerst mit großem
Zeitaufwand eine Brühe herstellen musste, kann man heute
auf Instantbrühen zurückgreifen. Als Grundstock bei der
Zubereitung »schneller« Suppen spielt die Instantbrühe
eine ganz wichtige Rolle. So ist es möglich, auch in kurzer
Zeit schmackhafte und gehaltvolle Suppen herzustellen.
Da bei der Zubereitung von Salaten kaum Garzeiten anfal-
len, nehmen Salate in der schnellen Küche einen wichtigen
Platz ein. Durch das große Angebot an Zutaten in der heutigen Zeit ist es kaum vorstellbar, dass die Ideen für immer
wieder neue Rezepte einmal ausgehen werden.
Ähnlich verhält es sich bei Vorspeisen und Zwischengerich-
ten. Sie lassen sich schnell zubereiten, wenn man auf Spe-
zialitäten wie geräucherten Lachs, luftgetrockneten Schinken u. Ä. zurückgreift.

... Hauptgerichte oder Desserts

Wie schon gesagt, auf Ihren Braten werden Sie in der schnellen Küche wohl verzichten müssen. Aber ansonsten wird, ob
Fisch, Fleisch oder Geflügel, alles geboten. Von großem Vorteil ist hierbei das Angebot an vorverarbeiteten Einzelzuta-
ten, wie bei Geflügel z. B. Enten- und Hähnchenbrüste,
Hähnchenkeulen und -flügel oder bei Fisch das große Angebot an Filets.
Für viele gehört zu einem ausgezeichneten Mahl unbedingt
das abschließende Dessert. Natürlich können Sie sich dabei
verkünsteln und stundenlang an dem neuesten, ausgefal-
lensten Rezept arbeiten, oder Sie besinnen sich einfach auf
das Wesentliche des Nachtischs als kleiner, süßer Abschluss,
obwohl man eigentlich schon satt ist. Wie viele Desserts sich
alleine mit frischem Obst zubereiten lassen ist immer wieder faszinierend.

In der heutigen Zeit gibt es viele Produkte, die das Kochen einfacher und weniger zeitaufwändig machen. Ein gutes Beispiel hierfür ist die Instantbrühe aus Würfeln, Pulver oder aus dem Glas. Sie steht der echten Brühe im Geschmack kaum nach.

Einkaufen bei ALDI

ALDI bietet beim Einkauf für Rezepte der schnellen Küche zwei große Vorteile. Als Erstes ist das übersichtliche und klar strukturierte Angebot zu nennen. Sowohl durch die Auswahl der angebotenen Waren und die Beschränkung des Sortiments auf nur eines oder wenige ähnliche Produkte einer Gruppe als auch bei deren Präsentation in den Supermärkten hilft ALDI Zeit sparen. Schließlich hat es wenig Sinn, bei der Zubereitung der Gerichte nur die Zeit zu gewinnen, die Sie vorher schon durch langwieriges Suchen beim Einkauf verloren haben. Der zweite Vorteil beim Einkauf ist die Beschränkung der Rezeptzutaten auf das ALDI-Angebot, so dass Sie nur eine Einkaufsmöglichkeit aufsuchen müssen und damit viel Zeit sparen.

Darüber hinaus bietet ALDI einige küchenfertige Produkte an. Gerade mit den tiefgefrorenen Fleischprodukten fällt einiges an Vorbereitungszeit weg. Wenn es ganz besonders schnell gehen muss, finden Sie im ALDI-Angebot auch Fertigprodukte, die Sie direkt verwenden oder mit den Rezepten dieses Buchs variieren können.

Ein weiterer Vorteil von ALDI: die günstigen Preise. Durch die Konzentration des Sortiments auf eine überschaubare Produktepalette und die dadurch mögliche Vergabe von langfristigen Großaufträgen sowie den Verzicht auf unnötigen Luxus in den Supermärkten ist es möglich, günstige Preise zu bieten und trotzdem eine gute Qualität zu gewährleisten.

Flexibilität ist gefragt

Es wurde versucht, in den Rezepten nur Zutaten zu verwenden, die in der Produktepalette von ALDI zu finden sind. Allerdings ist dabei zu bedenken, dass es gewisse regionale Unterschiede im Sortiment geben kann. Auch ALDI ist gewissen Veränderungen unterworfen. So sind z. B. frische Kräuter wie Petersilie, Schnittlauch, Basilikum und Salbei im Topf neu im Angebot zu finden.

Um günstige Preise zu gewährleisten, variiert die Auswahl an Obst und Gemüse natürlich etwas, so dass Sie nicht immer frischen Spargel oder Erdbeeren finden werden. Hier müssen Sie manchmal auf andere Zutaten, Konserven oder

Tiefkühlware zurückgreifen. Diese Flexibilität sollten Sie sich auch erlauben, wenn Sie etwas mehr Zeit zur Verfügung haben und bei einigen Rezepten lieber frische Produkte anstelle von Konserven verwenden wollen. Oder umgekehrt, wenn Sie es ganz eilig haben, können Sie die Zubereitungszeit einiger Gerichte durch den Einsatz von haltbaren Produkten noch etwas abkürzen.

Ein Fest für flinke Köche

Am deutlichsten merkt man, wie viel Zeit man in der Küche verbringen kann, wenn man ein größeres Menü für Gäste plant oder ein besonderer Festtag ins Haus steht. Aber warum zwei Tage für etwas aufwenden – außer man hat die Zeit und Freude daran –, was sich auch in zwei Stunden bewältigen lässt? Unter den Rezeptvorschlägen dieses Buchs finden Sie genügend Gerichte, die sich zu Menüs zusammenstellen lassen oder für Brunch und Picknick geeignet sind.

Brunch

Grundausstattung für ein Brunchbuffet:
▶ Verschiedene Käsesorten
▶ Roher und gekochter Schinken
▶ Salami
▶ Geräucherter Lachs
▶ Butter
▶ 2 bis 3 verschiedene Marmeladesorten
▶ Honig
▶ Eine Auswahl an verschiedenen Brötchen
▶ Frisches Obst oder ein Obstsalat
▶ Orangensaft
▶ Milch
▶ Kaffee, Tee
▶ Prosecco

Wegen des großen Warenumsatzes bei ALDI wird jeder Supermarkt täglich beliefert. Sie können sich also darauf verlassen, dass immer frische Produkte angeboten werden.

Dazu eignen sich folgende Gerichte:
- ▶ Frühlingssalat mit Radieschen
- ▶ Geräucherte Putenbrust mit Möhrenvinaigrette
- ▶ Tomatensalat mit italienischem Schinken und Salami
- ▶ Geschmorte Honigmelone mit krossem Schinken
- ▶ Geräucherter Lachs mit Senf-Honig-Vinaigrette
- ▶ Hähnchensalat mit Spargel
- ▶ Mandeltoasts mit Schnittlauchquark
- ▶ Champignonspieße
- ▶ Honiggarnelen
- ▶ Ananas-Apfel-Salat
- ▶ Zucchinitortilla mit Speck und Spinat
- ▶ Frittata mit Tomaten, Salami und Mozzarella
- ▶ Schweinefilet mit Walnussfüllung
- ▶ Hähnchenbrust in Erdnusshülle
- ▶ Bananenquark mit Zitrusfrüchten
- ▶ Grand-Manier-Crêpes
- ▶ Frittierte Früchte mit goldener Nusssauce

Gerade zu besonderen Anlässen sollten Sie nicht nur in der Küche stehen, sondern auch genügend Zeit für sich selbst und für Ihre Gäste haben. Mit diesen Menüs verwöhnen Sie Ihre Gäste und sich selbst.

Das große Menü
- ▶ Türkisches Walnusshuhn
- ▶ Garnelen im Schinkenmantel
- ▶ Möhren-Zucchini-Suppe
- ▶ Ananas-Apfel-Salat
- ▶ Rotbarsch mit Gurkengemüse
- ▶ Lammsteaks auf geschmorten Tomaten
- ▶ Birnen mit Blauschimmelkäse-Füllung

Das italienische Menü
- ▶ Bruschetta
- ▶ Italienische Käsesuppe
- ▶ Gnocchi mit Salbeibutter
- ▶ Rindersteaks mit Peperonata
- ▶ Sherrysabayon mit Trauben

Das exotische Menü

- ▶ Koreanischer Eiersalat
- ▶ Tomaten-Zitronen-Suppe
- ▶ Nudelkörbe mit Erbsen und Garnelen
- ▶ Schweinefilet mit Mandarinensauce
- ▶ Bananen in Mandelpanade

Das Festtagsmenü

- ▶ Geschmorte Honigmelone mit krossem Schinken
- ▶ Armenische Pilzsuppe
- ▶ Lachs mit Zitronen-Petersilien-Butter
- ▶ Entenbrust mit Pflaumensauce
- ▶ Grand-Manier-Crêpes

Das Silvestermenü

- ▶ Geräucherter Lachs mit Senf-Honig-Sauce
- ▶ Paprikasuppe mit Joghurt
- ▶ Champignons in Sherrysahne geschmort
- ▶ Schweinefilet mit Walnussfüllung
- ▶ Halbgefrorenes Pflaumenkompott

**Die Zusammenset-
zung der hier vorge-
stellten Menüs lässt
sich natürlich nach
Belieben variieren,
so dass z. B. auch die
vegetarischen Fein-
schmecker unter
Ihnen nicht zu kurz
kommen oder die
sommerliche Grill-
party ein voller
Erfolg wird.**

Picknick

Einige der folgenden Rezepte, die eigentlich heiß serviert
werden, können Sie auch kalt bei einem Picknick genießen.

- ▶ Bohnen-Mais-Salat
- ▶ Garnelen im Schinkenmantel
- ▶ Räucherlachsterrine
- ▶ Schinkensalat mit Spargel und Erdbeeren
- ▶ Garnelensalat mit Eiern
- ▶ Türkisches Walnusshuhn
- ▶ Blätterteig mit Spinatfüllung
- ▶ Putenbaguette mit Ananas
- ▶ Champignons in Sherrysahne geschmort

Kleine Gerichte für jede Tageszeit

Bruschetta, Honiggarnelen und viele andere kleine

Köstlichkeiten für den Hunger zwischendurch. (Im

Bild: Blätterteig mit Spinatfüllumg, Rezept Seite 24)

Klein, fein und schnell

Bei Zwischenmahlzeiten und kleinen Gerichten ist es besonders vorteilhaft, wenn sie nicht zu arbeitsaufwändig und zeitintensiv sind, damit auch die Zubereitung im Rahmen dessen bleibt, was sie bezwecken sollen, eben eine kleine Mahlzeit zwischendurch zu sein.

Das Spektrum der folgenden Rezepte reicht von kleinen Köstlichkeiten, die sich auch als Vorspeisen und Zwischengerichte bei größeren Menüs einsetzen lassen, bis zu kleinen, kräftigen Gerichten, die auch mal eine Hauptmahlzeit ersetzen können. Neben kräftigen Suppen und vegetarischen Gerichten finden Sie hier auch einfache Gerichte mit Fisch, Fleisch und Geflügel.

Zucchinifritters mit Sauerrahmdip

ZUTATEN FÜR 4 PORTIONEN

Zubereitungszeit: ca. 20 Minuten

600 g Zucchini • 200 g Sauerrahm • 1 TL Zitronensaft • edelsüßes Paprikapulver • Salz, Pfeffer • 1 Ei • 2 EL Milch • 50 g Mehl 100 g Semmelbrösel • Öl zum Frittieren

ZUBEREITUNG

Noch vor 20 Jahren war die Zucchini bei uns relativ unbekannt. Heute gehört sie wie selbstverständlich zum täglichen Gemüseangebot.

1 Die Zucchini waschen, von Blütenansatz und Stielende befreien und in Stifte von 5 Zentimeter Länge und 1 Zentimeter Dicke schneiden.

2 Für den Dip den Sauerrahm mit Zitronensaft verrühren und mit Paprika, Salz und Pfeffer würzen.

3 Ei und Milch verrühren. Die Zucchinistifte trockentupfen. Zuerst in Mehl, dann in Ei und abschließend in Semmelbrösel wenden.

4 Das Öl auf 180 °C erhitzen und die Stifte in 6 Minuten goldbraun frittieren. Herausnehmen und auf Küchenpapier abtropfen lassen. Den Sauerrahmdip getrennt dazu reichen.

Bruschetta

ZUTATEN FÜR 4 PORTIONEN

6 Tomaten • 1/2 Zwiebel • 1 Topf Basilikum oder Petersilie • 2 EL Olivenöl • Salz, Pfeffer • 12 Scheiben Weißbrot • 2 Knoblauchzehen

**Zubereitungszeit:
ca. 15 Minuten**

ZUBEREITUNG

1 Die Tomaten waschen, vom Stielansatz befreien, vierteln,
entkernen und würfeln.

2 Die Zwiebelhälfte abziehen und fein würfeln. Die Basili-
kum- oder Petersilienblätter abzupfen und hacken.

3 Tomatenwürfel, Zwiebel, Basilikum oder Petersilie und Olivenöl vermischen. Mit Salz und Pfeffer würzen.

4 Die Brotscheiben im Backofen oder unter einem Grill anrösten.

5 Die Knoblauchzehen abziehen und quer halbieren. Das Brot
mit der Schnittfläche des Knoblauchs einreiben und die Tomatenwürfel darauf verteilen.

6 Nochmals kurz in den heißen Ofen geben, bis die Tomatenwürfel erwärmt sind.

**Bruschetta mit ei-
nem Glas gut ge-
kühltem Prosecco
serviert, ist der idea-
le Einstieg für einen
italienischen Abend.**

Geräucherter Lachs mit Senf-Honig-Sauce

ZUTATEN FÜR 4 PORTIONEN

1 Packung Feldsalat • 3 EL Senf • 2 EL Essig • 2 EL Honig • 4 EL Olivenöl
Salz, Pfeffer • 400 g Räucherlachs

**Zubereitungszeit:
ca. 15 Minuten**

ZUBEREITUNG

1 Den Feldsalat putzen, waschen und trockenschleudern.
Senf, Essig und Honig vermischen und das Olivenöl langsam
einrühren. Mit Salz und Pfeffer würzen.

2 Den Feldsalat auf vier kleine Teller verteilen und die Räucherlachsscheiben in Rosetten in die Mitte setzen. Lachs und
Salat mit der Senf-Honig-Sauce beträufeln.

Geräucherte Putenbruststreifen in Kräuterpanade

ZUTATEN FÜR 4 PORTIONEN

Zubereitungszeit:
ca. 15 Minuten

2 EL getrocknete Küchenkräuter • 1 TL edelsüßes Paprikapulver
50 g geriebener Emmentaler • 80 g Semmelbrösel • 2 Eier
600 g geräucherte Putenbrust • Salz, Pfeffer • 50 g Mehl • 4 EL Öl

ZUBEREITUNG

1 Getrocknete Kräuter, Paprikapulver, geriebenen Emmentaler und Semmelbrösel miteinander vermischen. Die Eier verschlagen.

Zu den geräucherten Putenbruststreifen schmeckt ein grüner Salat als Beilage besonders gut.

2 Die Putenbrust in Streifen schneiden und mit Salz und Pfeffer würzen. Zuerst in Mehl, dann in Ei und abschließend in der Kräuterpanade wenden.

3 Das Öl in einer großen Pfanne erhitzen und die panierten Fleischstreifen darin unter ständigem Wenden in 5 Minuten knusprig braun braten. Das Fleisch herausnehmen und kurz auf Küchenpapier abtropfen lassen.

Putenbaguette mit Ananas

ZUTATEN FÜR 4 PORTIONEN

Zubereitungszeit:
ca. 25 Minuten

2 EL Pflanzenöl • 1 Packung Putenfilets in Knusper-Kräuter-Mantel
(TK-Ware) • 200 g Ananaswürfel aus der Dose • 1 EL Currypulver
150 g Joghurt • 4 EL Mayonnaise • Salz, Pfeffer • 2 TL Zitronensaft
1/2 Kopf Blattsalat• 4 Baguettebrötchen

ZUBEREITUNG

1 Das Öl in einer Pfanne erhitzen und die aufgetauten Putenfilets darin bei mittlerer Hitze in 12 bis 15 Minuten goldbraun braten.

2 In der Zwischenzeit die Ananaswürfel abgießen, abtropfen lassen und dabei 2 Esslöffel der Flüssigkeit auffangen.

3 Das Fleisch aus der Pfanne nehmen und die Ananaswürfel darin andünsten. Das Currypulver einrühren. Mit 2 Esslöffeln Ananasflüssigkeit ablöschen, kurz aufkochen und vom Herd nehmen.

4 Joghurt und Mayonnaise zugeben, glatt rühren und mit Salz, Pfeffer und Zitronensaft würzen.

5 Den Salat in einzelne Blätter zerteilen, waschen und trockenschleudern.

6 Die Baguetts längs halbieren. Die unteren Hälften mit Salatblättern belegen, die Putenfilets darauf setzen, mit der Ananassauce übergießen und mit den oberen Baguetthälften bedecken.

Mandeltoasts mit Schnittlauchquark

ZUTATEN FÜR 4 PORTIONEN

250 g Quark • 150 g Joghurt • 1 TL Essig • 1 Bund Schnittlauch • Salz, Pfeffer • 200 g Mandeln • 3 Eier • 50 ml Milch • 8 Scheiben Toastbrot 8 EL Pflanzenöl

Zubereitungszeit: ca. 20 Minuten

ZUBEREITUNG

1 Den Quark mit Joghurt und Essig verrühren. Den Schnittlauch in Röllchen schneiden und unter den Quark heben. Mit Salz und Pfeffer würzen.

2 Die Mandeln hacken. Die Eier mit der Milch verschlagen. Die Toastbrotscheiben in der Milch-Eier-Mischung wenden, herausheben, etwas abtropfen lassen und mit den gehackten Mandeln panieren.

3 Das Öl erhitzen und die Mandeltoasts bei schwacher Hitze auf jeder Seite in 2 Minuten goldbraun braten. Mit dem Quark servieren.

Wer den Mandelgeschmack nicht mag oder wer einfach eine Abwechslung möchte, kann anstelle der Mandeln auch Walnüsse verwenden.

TIPP Wenn es noch schneller gehen soll, können Sie auch eine Packung Kräuterquark zu den Mandeltoasts servieren.

Zwiebelsuppe

ZUTATEN FÜR 4 PORTIONEN

Zubereitungszeit:
ca. 25 Minuten

6 Zwiebeln • 2 EL Butterschmalz • 100 ml Weißwein • 750 ml Instantgemüsebrühe • 2 EL Cognac • Salz, Pfeffer • 2 Stängel Petersilie
1 Scheibe Toastbrot • 50 g geriebener Parmesan

ZUBEREITUNG

1 Die Zwiebeln abziehen, halbieren und in dünne Streifen
schneiden.

2 Das Butterschmalz in einem Topf erhitzen. Die Zwiebeln zugeben und bei mittlerer Hitze in 10 Minuten glasig dünsten.

**Je nach Geschmack
können Sie die Zwie-
belsuppe anstelle
von Cognac auch
mit etwas Sherry
und 2 bis 3 Esslöffeln
Senf verfeinern.**

3 Die Zwiebeln mit dem Weißwein ablöschen und mit der
Brühe aufgießen. Aufkochen, den Cognac hinzufügen und mit
Salz und Pfeffer würzen.

4 Die Petersilie waschen, trockentupfen, die Blättchen abzupfen, hacken und in die Suppe geben.

5 Das Brot leicht antoasten, vierteln und mit dem Parmesan
bestreuen. Die Suppe in vier feuerfeste Suppentassen füllen,
mit den Brotstücken belegen und im vorgeheizten Backofen
bei 220 °C (Gas Stufe 4–5, Umluft 200 °C) 5 Minuten überbacken.

Paprikasuppe mit Joghurt

ZUTATEN FÜR 4 PORTIONEN

Zubereitungszeit:
ca. 25 Minuten

4 rote Paprikaschoten • 1 kleine Zwiebel • 1 EL Butterschmalz • 1 Dose
Tomaten • 500 ml Instantgemüsebrühe • 1/2 Bund Petersilie
Zucker • Salz, Pfeffer • 150 g Joghurt • 2 TL Mehl

ZUBEREITUNG

1 Die Paprika waschen, halbieren, von Stielansatz, weißen
Zwischenwänden und Kernen befreien und in kleine Würfel
schneiden. Die Zwiebel abziehen und fein würfeln.

2 Das Butterschmalz in einem Topf erhitzen und die Zwiebeln und 3/4 der Paprikawürfel darin anbraten. Tomaten samt Flüssigkeit und Gemüsebrühe zugeben, aufkochen und zugedeckt 10 Minuten bei mittlerer Hitze garen.

3 Die Petersilie waschen, trockentupfen, die Blättchen abzupfen, hacken und in die Suppe geben. Mit Zucker, Salz und Pfeffer würzen und mit einem Mixstab pürieren.

4 Den Joghurt mit Mehl vermischen, in die Suppe einrühren und nochmals kurz aufkochen. Die restlichen Paprikawürfel hinzufügen und warm werden lassen. Die Paprikasuppe auf vier tiefe Teller verteilen und sofort servieren.

Champignons mit Spinatfüllung

ZUTATEN FÜR 4 PORTIONEN

500 g Champignons (möglichst große Köpfe) • 1 kleine Zwiebel
300 g aufgetauter Spinat (TK-Ware) • Salz, Pfeffer • 4 EL Olivenöl
40 g Butter • 80 g Blauschimmelkäse • 2 EL Semmelbrösel
100 ml Weißwein

Zubereitungszeit:
ca. 20 Minuten

ZUBEREITUNG

1 Die Champignons putzen und die Stiele herausdrehen. Die Stiele fein hacken.

2 Die Zwiebel abziehen und fein würfeln. Den Spinat mit Zwiebelwürfeln und den gehackten Champignonstielen vermischen. Mit Salz und Pfeffer würzen.

3 Die Champignonköpfe mit Olivenöl bestreichen oder darin wenden, in eine Auflaufform setzen und mit dem Spinat füllen.

4 Butter, Blauschimmelkäse und Semmelbrösel miteinander verkneten und auf der Spinatfüllung verteilen.

5 Die Champignons mit Weißwein umgießen und im vorgeheizten Backofen bei 220 °C (Gas Stufe 4–5, Umluft 200 °C) 15 Minuten überbacken.

Frische Champignons sollten in der Regel nicht gewaschen werden, da ihr Geschmack unter der Nässe leidet. Es genügt, die Pilze mit einem trockenen Tuch abzureiben.

Hühnersuppe mit Spinat und Mais

ZUTATEN FÜR 4 PORTIONEN

Zubereitungszeit:
ca. 25 Minuten

1 l Instantbrühe • 2 aufgetaute Hähnchenbrustfilets (TK-Ware)
1 Dose Mais • 1 Packung aufgetauter Rahmspinat (TK-Ware)
1 EL Zitronensaft • edelsüßes Paprikapulver • Salz, Pfeffer

ZUBEREITUNG

Hühnerfleisch ist nicht nur schmackhaft, sondern auch gesund. Es enthält wichtige Spurenelemente wie Phosphor, Zink und Kalium. Es enthält wenig Fett und ist reich an Eiweiß.

1 Die Brühe in einem Topf erhitzen. Die Hähnchenbrust waschen, trockentupfen, in die Brühe geben und 15 Minuten bei schwacher Hitze garen.

2 Die Hähnchenbrustfilets aus der Brühe nehmen, in Streifen schneiden und auf vier tiefe Teller verteilen.

3 Den Mais abtropfen lassen. Spinat und Maiskörner in die Brühe geben, aufkochen und mit Zitronensaft, Paprikapulver, Salz und Pfeffer würzen.

4 Die Teller mit dem Hähnchenfleisch mit der Spinat-Mais-Suppe auffüllen und sofort servieren.

Champignons in Sherrysahne geschmort

ZUTATEN FÜR 4 PORTIONEN

Zubereitungszeit:
ca. 25 Minuten

500 g Sahne • 100 ml Weißwein • 100 ml Sherry • Salz, Pfeffer
800 g Champignons

ZUBEREITUNG

1 Die Sahne mit Weißwein und Sherry verrühren. Mit Salz und Pfeffer würzen.

2 Die Champignons putzen, das Stielende abschneiden, auf vier kleine Auflaufformen oder Kokotten verteilen und mit der Sherrysahne begießen.

3 Die Champignons im vorgeheizten Backofen bei 220 °C (Gas Stufe 4–5, Umluft 200 °C) 15 Minuten schmoren. In den Auflaufformen servieren.

Hähnchensalat mit Spargel

ZUTATEN FÜR 4 PORTIONEN

500 g aufgetaute Hähnchenbrust (TK-Ware) • Salz, Pfeffer
2 EL Pflanzenöl • 4 Tomaten • 1 Glas Spargel • 1 Dose Mais
1 kleine Zwiebel • 4 EL Olivenöl • 2 EL Essig • 2 EL Sherry

Zubereitungszeit:
ca. 20 Minuten

ZUBEREITUNG

1 Die Hähnchenbrust abspülen, trockentupfen, salzen, pfeffern und im Pflanzenöl bei mittlerer Hitze 10 Minuten unter einmaligem Wenden braten.

2 In der Zwischenzeit die Tomaten waschen, vom Stielansatz befreien und achteln. Den Spargel in 3 Zentimeter lange Stücke schneiden. Den Mais abtropfen lassen.

3 Die Zwiebel abziehen und fein würfeln. Olivenöl, Essig und Sherry zu einer sämigen Sauce verrühren, mit Salz und Pfeffer würzen und die Zwiebelwürfel zugeben.

4 Das Fleisch in Streifen schneiden und mit Tomaten, Spargel und Mais vermischen. Die Salatsauce unterheben und vor dem Servieren kurz durchziehen lassen.

Leichtes Hähnchenbrustfleisch und bunte Gemüse: Dieser Salat ist ein ideales Sommeressen, aber auch als Vorspeise – etwa zu einem Gemüseauflauf – bestens geeignet.

Blätterteig mit Spinatfüllung

ZUTATEN FÜR 4 PORTIONEN

Zubereitungszeit:
ca. 25 Minuten

1 Blätterteigrolle • Mehl zum Bearbeiten • 1 Packung aufgetauter Rahmspinat (TK-Ware) • 100 g Feta • 1 Eigelb

ZUBEREITUNG

Über den Geschmack von Spinat lässt sich ja bekanntlich streiten, unbestritten ist jedoch seine positive Wirkung auf den gesamten Stoffwechsel im Körper.

1 Den Blätterteig auf einer bemehlten Arbeitsfläche ausrollen und in Quadrate von 10 Zentimeter Seitenlänge schneiden.

2 Den Spinat portionsweise jeweils in die Mitte der Blätterteigquadrate setzen. Den Feta zerbröseln und gleichmäßig darüber verteilen. Den Blätterteig zu Dreiecken zusammenklappen. Die Oberseite mit Eigelb bestreichen.

3 Den Backofen auf 180 °C (Gas Stufe 2–3, Umluft 160 °C) vorheizen. Ein Backblech mit Backpapier auslegen, die Blätterteigtaschen darauf setzen und im Ofen in 12 bis 15 Minuten goldgelb backen.

Zucchinitortilla mit Speck und Spinat

ZUTATEN FÜR 4 PORTIONEN

Zubereitungszeit:
ca. 25 Minuten

2 Kartoffeln • 2 Zucchini • 1 kleine Zwiebel • 8 Eier • 2 EL Milch 50 g aufgetauter Spinat (TK-Ware) • Salz, Pfeffer • 100 g gewürfelter Bauchspeck • 2 EL Pflanzenöl

ZUBEREITUNG

1 Die Kartoffeln schälen, in Würfel schneiden und 10 Minuten blanchieren. Abgießen und abtropfen lassen.

2 Die Zucchini waschen, von Blütenansatz und Stielende befreien und grob raspeln. Die Zwiebel abziehen und würfeln.

3 Die Eier mit der Milch in einer Schüssel verschlagen und Spinat, Zucchini, Kartoffeln und Zwiebel unterheben. Mit Salz und Pfeffer würzen.

4 Den Speck bei starker Hitze in einer Gusspfanne leicht auslassen. Das Öl zugeben und erhitzen. Die Eimasse hineinschüt-
ten und die Pfanne ständig hin und her rütteln, bis die Masse
etwas fest wird und man sie wenden kann.

5 Die Hitze sofort reduzieren, die Pfanne zudecken und die
Tortilla 5 Minuten garen lassen.

6 Die Tortilla auf den Deckel gleiten lassen und umgedreht in
die Pfanne zurück stürzen. Nochmals kurz erhitzen. Auf einen
Teller geben und in Portionsstücke zerteilen.

Geräucherte Putenbrust auf Schmorkartoffeln

ZUTATEN FÜR 4 PORTIONEN

400 g Kartoffeln • 150 g Instantbrühe • 100 g Sahne • Flüssigwürze
1 EL getrocknete Küchenkräuter • 2 EL Butter • 400 g geräucherte
Putenbrust • 2 Stängel Petersilie • Salz, Pfeffer

Zubereitungszeit:
ca. 30 Minuten

ZUBEREITUNG

1 Die Kartoffeln schälen, in Scheiben schneiden und in leicht
gesalzenem Wasser in 10 Minuten bissfest kochen. Abgießen
und abtropfen lassen.

2 Die Brühe mit Sahne, einigen Tropfen Flüssigwürze und den
Küchenkräutern verrühren.

3 Eine Auflaufform buttern und die Kartoffelscheiben darin
verteilen. Mit der Sahnemischung aufgießen.

4 Die Putenbrust in 8 Scheiben schneiden und auf die Kartoffeln legen. Die Auflaufform mit Alufolie verschließen und im
vorgeheizten Backofen bei 220 °C (Gas Stufe 4–5, Umluft
200 °C) 10 Minuten schmoren.

5 Die Petersilie waschen, trockentupfen, die Blättchen abzupfen und hacken. Die Auflaufform aus dem Ofen nehmen, abdecken und das Gericht mit Petersilie, Salz und Pfeffer bestreuen. In der Form servieren.

Als Beilage passen
grüne Blattsalate
wie Feld-, Kopf- oder
Romanasalat.

Zucchinischeiben in Haselnusspanade

ZUTATEN FÜR 4 PORTIONEN

Zubereitungszeit:
ca. 25 Minuten

4 Zucchini • 2 Eier • 100 g Haselnüsse • 50 g Mehl • 4 EL Öl
250 g Sahne • 2 EL Weißwein • 1 TL Essig • Salz, Pfeffer • 2 EL Honig

ZUBEREITUNG

Sie können die Sauce variieren, indem Sie anstelle von Honig einige Tropfen Balsamicoessig zugeben und mit etwas Muskatnuss würzen.

1 Die Zucchini waschen, von Blütenansatz und Stielende befreien und schräg in 1 Zentimeter dicke Scheiben schneiden.
2 Die Eier verschlagen. Die Haselnüsse fein reiben. Die Zucchinischeiben zuerst in Mehl, dann in Ei und abschließend in den Haselnüssen wenden.
3 Das Öl in einer großen Pfanne erhitzen und die Zucchinischeiben darin bei mittlerer Hitze auf jeder Seite 4 Minuten braten.
4 In der Zwischenzeit die Sahne mit Weißwein in einem Topf erhitzen und um ein Drittel einkochen. Mit Essig, Salz und Pfeffer würzen. Den Honig einrühren und flüssig werden lassen. Die Sauce getrennt zu den Zucchinischeiben reichen.

Riesengarnelen und Champignons in Olivenöl

ZUTATEN FÜR 4 PORTIONEN

Zubereitungszeit:
ca. 25 Minuten

500 g Champignons • 1 Zwiebel • 4 Knoblauchzehen • 400 ml Olivenöl • 1 EL Essig • 1 EL Zitronensaft • Salz, Pfeffer • 1 Packung Riesengarnelen (TK-Ware) • 1/2 Bund Petersilie

ZUBEREITUNG

1 Die Champignons putzen und das Stielende abschneiden. Die Zwiebel abziehen und grob würfeln. Die Knoblauchzehen abziehen.
2 Das Olivenöl mit Essig und Zitronensaft verrühren und mit Salz und Pfeffer würzen. Auf vier kleine Auflaufformen oder

Kokotten verteilen. Jeweils 1 Knoblauchzehe und einige Zwiebelwürfel zugeben.

3 Die Champignons und die tiefgefrorenen Riesengarnelen auf die Formen verteilen und im vorgeheizten Backofen bei 220 °C (Gas Stufe 4–5, Umluft 200 °C) 15 Minuten schmoren.

4 Die Petersilie waschen, trockentupfen, die Blättchen abzupfen, hacken und über die Garnelen und Champignons streuen. In den Auflaufformen servieren.

Kartoffelomelett mit Würstchen

ZUTATEN FÜR 4 PORTIONEN

4 Portionen Kartoffelpüreepulver • 250 ml Milch • 1 Zwiebel • 4 Stängel Petersilie • 1/2 Bund Schnittlauch • 4 Eier • 100 g geriebener Emmentaler • 4 Wiener Würstchen • 2 EL Butterschmalz • 200 g Schmand

Zubereitungszeit: ca. 25 Minuten

ZUBEREITUNG

1 Das Kartoffelpüree nach Packungsanweisung mit der Milch zubereiten.

2 Die Zwiebel abziehen und fein würfeln. Die Petersilie waschen, trockentupfen, die Blättchen abzupfen und hacken. Den Schnittlauch in Röllchen schneiden. Die Eier verschlagen.

3 Kartoffelpüree, Zwiebel, Petersilie, Schnittlauch, Eier und geriebenen Emmentaler zu einem Teig vermischen. Die Würstchen in Scheiben schneiden und unter den Teig heben.

4 Das Butterschmalz in einer beschichteten Pfanne erhitzen, den Kartoffelteig hineingeben und glatt streichen. Bei mittlerer Hitze 4 Minuten braten.

Tomatenketchup und Kartoffelomelett passen sehr gut zusammen. Die Kombination ist vor allem bei Kindern sehr beliebt.

5 Das Omelett auf einen großen Teller gleiten lassen, die Pfanne darüber stülpen und mit einer schnellen Bewegung umdrehen, so dass das Omelett mit der Oberseite nach unten in der Pfanne zu liegen kommt. Nochmals 4 Minuten garen.

6 Das Kartoffelomelett in 8 Dreiecke schneiden und auf vier Tellern anrichten. Mit dem Schmand garniert servieren.

Gemüsespieße

ZUTATEN FÜR 4 PORTIONEN

Zubereitungszeit:
ca. 25 Minuten

4 Tomaten • 2 Zucchini • 16 große Champignons • 2 Stängel Petersilie
2 Stängel Basilikum • 4 EL Olivenöl • 1 EL Zitronensaft • Pfeffer, Salz

ZUBEREITUNG

1 Die Tomaten waschen, vom Stielansatz befreien und vierteln. Die Zucchini waschen, von Blütenansatz und Stielende befreien und jeweils in 8 Stücke schneiden. Die Champignons putzen und den Stiel herausdrehen.

Je nach Angebot
oder Geschmack
können Sie das
Gemüse nach Belie-
ben variieren.

2 Tomaten, Zucchini und Champignons abwechselnd auf 4 große Spieße stecken.

3 Petersilie und Basilikum waschen, trockentupfen, die Blättchen abzupfen und hacken.

4 Olivenöl, Zitronensaft und Pfeffer verrühren, die Kräuter unterheben und die Spieße damit bestreichen.

5 Die Gemüsespieße unter einem Grill oder auf einem mit Alufolie ausgelegten Backblech im vorgeheizten Ofen bei 250 °C (Gas Stufe 6, Umluft 230 °C) etwa 8 Minuten garen. Herausnehmen, salzen und sofort servieren.

Honiggarnelen

ZUTATEN FÜR 4 PORTIONEN

Zubereitungszeit:
ca. 20 Minuten

125 g Mehl • 60 g Speisestärke • 1 TL Backpulver • Salz • Zitronensaft
1 EL Öl • Öl zum Frittieren • 2 Packungen aufgetaute Riesengarnelen
(TK-Ware) • 4 EL Honig • 2 EL gehackte Haselnüsse

ZUBEREITUNG

1 Mehl, 30 Gramm Speisestärke und Backpulver in eine Schüssel sieben. Salz, Zitronensaft und 1 Esslöffel Öl mit 250 Milliliter Wasser verrühren und in die Mehlmischung einarbeiten, so dass ein glatter Teig entsteht.

2 Eine Pfanne mit schwerem Boden und hohem Rand 1/3 mit
Öl füllen und auf 180 °C erhitzen.

3 Die Riesengarnelen in der restlichen Speisestärke wälzen,
durch den Teig ziehen und im heißen Öl in 6 Minuten unter
einmaligem Wenden goldbraun frittieren. Herausnehmen
und auf Küchenpapier abtropfen lassen.

4 In einer anderen Pfanne den Honig bei schwacher Hitze ver-
flüssigen und die Garnelen darin wenden.

5 Die Honiggarnelen auf vier Teller verteilen und vor dem Servieren mit den gehackten Haselnüssen bestreuen.

**Zu den Honiggarne-
len schmeckt ein gut
gekühlter, trockener
Weißwein.**

Gebratene Knödel mit Wammerl

Zutaten für 4 Portionen
1 Packung Semmelknödel • 2 Möhren • 1 Zwiebel • 250 g gegartes
Wammerl • 4 EL Butterschmalz • Salz, Pfeffer • 4 Stängel Petersilie

**Zubereitungszeit:
ca. 25 Minuten**

Zubereitung

1 Die Semmelknödel nach Packungsanweisung zubereiten.
Die fertigen Knödel klein schneiden.

2 In der Zwischenzeit die Möhren schälen und raspeln. Die
Zwiebel abziehen und fein würfeln. Das Wammerl ebenfalls
in Würfel schneiden.

3 Das Butterschmalz in einer Pfanne heiß werden lassen und
Knödel, Möhren, Zwiebel und Wammerl zugeben. Mit Salz und
Pfeffer würzen. Unter Rühren bei starker Hitze braten, bis die
Zwiebeln glasig und die Knödelstücke knusprig sind.

4 Die Petersilie waschen, trockentupfen, die Blättchen abzupfen und fein hacken. Großzügig über die Knödel streuen und
servieren.

Tipp Wenn Sie das Gericht noch etwas deftiger möchten, können Sie die Knödel mit geriebener Muskatnuss und ganzem
Kümmel würzen.

Nudeln, Reis und Kartoffeln

Köstliche Nudelvariationen, aber auch Reis- und

Kartoffelgerichte mit erstaunlich kurzen Garzeiten.

(Im Bild: Penne mit Zucchini und Champignons,

Rezept Seite 32).

Schnell und richtig kombiniert

Schnelle Küche und Teigwaren, das passt so gut zusammen wie Spaghetti und Tomatensauce. Nudeln aller Art sind stets in höchstens 15 Minuten frisch gekocht und können mit einer Vielzahl von Saucen und Beilagen zu immer wieder neuen Rezepten komponiert werden. ALDI bietet auch hier eine große Auswahl an Zutaten, die kaum Wünsche offen lässt.

Zwar ist die Garzeit von Reis etwas höher, aber das lässt Ihnen genügend Zeit, die restlichen Zutaten vorzubereiten, oder sie werden bei einem Risotto gleich mitgekocht, so dass Sie bei der schnellen Küche auch in den Genuss von Reisgerichten kommen können.

Ebenso verhält es sich mit Kartoffeln, die im Ganzen gekocht relativ lange brauchen, bis sie weich sind, doch mit den richtigen Rezepten, die Sie im folgenden Kapitel finden, lässt sich auch dieses Problem umgehen. Sie müssen also nicht, auch wenn Sie es eilig haben, auf dieses beliebte und gesunde Grundnahrungsmittel verzichten.

Die Kartoffel ist reich an wertvollen Nährstoffen und damit eine optimale und preiswerte Grundlage für eine gesunde Ernährung. Trotz etwas längerer Garzeiten gibt es auch Kartoffelgerichte, die schnell zubereitet sind.

Penne mit Zucchini und Champignons

ZUTATEN FÜR 4 PORTIONEN

2 Zucchini • 200 g Champignons • 1 Zwiebel • 100 g gekochter Schinken • 1 Stängel Salbei • 2 EL Olivenöl • 50 g Walnüsse • 2 EL Weißwein 250 g Sahne • 1 TL gehacktes Basilikum • Salz, Pfeffer • 500 g Penne

Zubereitungszeit: ca. 25 Minuten

ZUBEREITUNG

1 Die Zucchini waschen, von Blütenansatz und Stielende befreien, erst in Scheiben, dann in Stifte schneiden. Die Champignons putzen und blättrig schneiden.

2 Die Zwiebel abziehen und würfeln. Den Schinken in Streifen schneiden. Den Salbei waschen, trockentupfen und die Blättchen ebenfalls in Streifen schneiden.

3 Das Olivenöl in einer großen Pfanne erhitzen und Zucchini und Champignons darin 5 Minuten braten. Die Zwiebelwürfel zugeben und dünsten, bis sie glasig sind. Salbei und Walnüsse zugeben und kurz mitgaren.

4 Den Pfanneninhalt mit dem Weißwein ablöschen, reduzieren lassen und mit der Sahne aufgießen. Um 1/3 einkochen und dann mit Basilikum, Salz und Pfeffer würzen.

5 In der Zwischenzeit die Penne in reichlich Salzwasser in 10 bis 12 Minuten al dente kochen.

6 Die Nudeln abgießen und direkt unter die Sauce heben. Nochmals mit Salz und Pfeffer abschmecken.

Spiralnudeln mit Hackfleisch-Käse-Sauce

ZUTATEN FÜR 4 PORTIONEN

500 g Spiralnudeln • 2 EL Olivenöl • 250 g aufgetautes Hackfleisch halb/halb (TK-Ware) • 1 Zwiebel • 200 g passierte Tomaten 2 EL Sahne • 100 g Blauschimmelkäse • Salz, Pfeffer • 2 EL Butter

Zubereitungszeit: ca. 25 Minuten

ZUBEREITUNG

1 Die Nudeln in reichlich gesalzenem Wasser al dente kochen. Abgießen und abtropfen lassen.

2 In der Zwischenzeit das Olivenöl in einer großen Pfanne erhitzen und das Hackfleisch darin 5 Minuten bei mittlerer Hitze braten. Das Fleisch dabei mit einem Kochlöffel zerkrümeln.

3 Die Zwiebel abziehen, fein würfeln, zum Fleisch geben und kurz mitgaren.

4 Das Hackfleisch mit den passierten Tomaten und der Sahne aufgießen. Den Schimmelkäse zerbröseln, hinzufügen und unter Rühren schmelzen. Mit Salz und Pfeffer würzen.

5 Die Nudeln in der Butter nochmals erwärmen und auf vier Teller verteilen. Die Hackfleischsauce auf die Nudeln schöpfen und sofort servieren.

Im Gegensatz zu Nudeln, die Ei enthalten, werden italienische Nudeln nur aus Hartweizengrieß und Wasser hergestellt. Sie benötigen deshalb eine etwas längere Garzeit, behalten dafür aber länger ihren Biss.

Bandnudeln in Sahnesauce mit Parmesan

ZUTATEN FÜR 4 PORTIONEN

Zubereitungszeit: ca. 15 Minuten

500 g Bandnudeln • 50 g Butter • 100 g geriebener Parmesan
300 g Sahne • Salz, schwarzer Pfeffer • 2 Stängel Petersilie

ZUBEREITUNG

1 Die Bandnudeln in reichlich Salzwasser in 8 bis 10 Minuten al dente kochen. Abgießen und abtropfen lassen. Die Nudeln in eine Pfanne geben.

2 Die Butter zugeben, zerlaufen lassen und den Parmesan unterheben. Mit Sahne aufgießen und bei schwacher Hitze aufkochen. Ab und zu umrühren. Mit Salz und Pfeffer würzen.

3 Die Petersilie waschen, trockentupfen, die Blättchen abzupfen, hacken und vor dem Servieren darüber streuen.

Spaghetti schmecken am besten wenn sie wie man in Italien sagt al dente sind, also noch ewas Biss haben. Probieren Sie die Nudeln kurz vor Ende der Garzeit. Sie müssen außen weich und innen noch etwas kernig sein.

Spaghetti mit Zucchini-Käse-Sauce

ZUTATEN FÜR 4 PORTIONEN

2 Zucchini • 1 Zwiebel • 1 Knoblauchzehe • 2 EL Olivenöl • 4 EL Weißwein • 50 g Blauschimmelkäse • 300 g Sahne • 100 g geriebener Parmesan • 1/2 TL getrocknete Küchenkräuter • Salz, Pfeffer
500 g Spaghetti • 2 Stängel Petersilie

ZUBEREITUNG

Zubereitungszeit: ca. 25 Minuten

1 Die Zucchini waschen, von Blütenansatz und Stielende befreien, erst in Scheiben, dann in Stifte schneiden. Zwiebel und Knoblauchzehe abziehen und würfeln.

2 Das Olivenöl in einer großen Pfanne erhitzen und die Zucchini darin 5 Minuten anbraten. Zwiebel und Knoblauch zugeben und mitdünsten, bis die Zwiebelwürfel glasig sind.

3 Mit dem Weißwein ablöschen. Den Blauschimmelkäse zerbröseln und im Weißwein auflösen. Mit der Sahne aufgießen und aufkochen. Nach und nach den Parmesan einrühren und mit Küchenkräutern, Salz und Pfeffer würzen.

4 In der Zwischenzeit die Spaghetti in reichlich Salzwasser in 10 bis 12 Minuten al dente kochen. Die Petersilie waschen, trockentupfen, die Blättchen abzupfen und hacken.

5 Die Nudeln abgießen und unter die Sauce heben. Nochmals mit Salz und Pfeffer abschmecken und mit Petersilie bestreut servieren.

Spiralnudeln mit Auberginen, Zucchini und Oliven

ZUTATEN FÜR 4 PORTIONEN

2 Zucchini • 1 große Aubergine • 1 Zwiebel • 1 Knoblauchzehe
4 EL Olivenöl • 24 entsteinte Oliven • 2 EL Sherry • 500 g passierte
Tomaten • 1 TL gehacktes Basilikum • Salz, Pfeffer • 1 EL Butter
500 g Spiralnudeln • 100 g geriebener Parmesan

Zubereitungszeit:
ca. 25 Minuten

ZUBEREITUNG

1 Zucchini und Aubergine waschen, von Blütenansatz und Stielende befreien, erst in Scheiben, dann in Stifte schneiden. Zwiebel und Knoblauchzehe abziehen und würfeln.

2 Das Olivenöl in einer Pfanne erhitzen. Zucchini und Aubergine darin 5 Minuten anbraten. Zwiebel und Knoblauch zugeben und mitdünsten, bis die Zwiebelwürfel glasig sind.

3 Die Oliven halbieren und zum Gemüse geben. Den Pfanneninhalt mit Sherry ablöschen, mit den passierten Tomaten aufgießen und aufkochen.

4 Mit Basilikum, Salz und Pfeffer würzen. Die Butter hinzufügen und bei geringer Hitze schmelzen lassen.

5 In der Zwischenzeit die Spiralnudeln in reichlich Salzwasser in 10 bis 12 Minuten al dente kochen.

6 Die Nudeln abgießen und auf vier Teller verteilen. Die Sauce auf die Pasta geben und mit Parmesan bestreuen.

Zu diesem Gericht
schmeckt ein Glas
Wein besonders gut.
Zu empfehlen ist ein
spritziger Weißwein
wie z. B. Soave oder
ein Glas Chianti,
wenn Sie lieber Rotwein trinken.

Penne mit Thunfisch und Tomaten

ZUTATEN FÜR 4 PORTIONEN

Zubereitungszeit:
ca. 20 Minuten

500 g Penne • 2 Zwiebeln • 2 Knoblauchzehen • 8 EL Olivenöl
300 g Thunfisch aus der Dose • 100 ml Rotwein • 200 g passierte
Tomaten • Salz, Pfeffer

ZUBEREITUNG

1 Die Penne in reichlich Salzwasser in 10 bis 12 Minuten al
dente kochen. Abgießen und abtropfen lassen.

Zu jedem Nudelge-
richt passt als Beila-
ge ein grüner Salat,
am besten mit
Balsamicoessig und
Olivenöl angemacht
und mit Salz, Pfeffer
und einer Prise
Zucker gewürzt.

2 In der Zwischenzeit Zwiebeln und Knoblauch abziehen, fein
würfeln und in 4 Esslöffeln Olivenöl glasig dünsten.
3 Den Thunfisch abtropfen lassen, zugeben und mit einem
Kochlöffel in kleine Stücke teilen. Mit dem Rotwein ablöschen.
Die passierten Tomaten zugeben und aufkochen. Mit Salz und
Pfeffer würzen.
4 Das restliche Olivenöl in einer Pfanne erhitzen und die Penne darin durchschwenken, bis sie heiß sind. In tiefen Tellern
anrichten und die Thunfischsauce darüber verteilen.

Kebabreis

ZUTATEN FÜR 4 PORTIONEN

Zubereitungszeit:
ca. 30 Minuten

500 g Reis • 2 EL Olivenöl • 2 Paprikaschoten • 1 Zwiebel • 2 EL Pflanzenöl • 1 Packung aufgetauter Kebab (TK-Ware) • Salz, Pfeffer
2 EL Butter • 150 g Schafskäse

ZUBEREITUNG

1 Den Reis in der doppelten Menge leicht gesalzenem Wasser
in 18 Minuten weich kochen. Dann das Olivenöl unterheben.
2 In der Zwischenzeit die Paprika waschen, halbieren, von
Stielansatz, weißen Zwischenwänden und Kernen befreien
und in Streifen schneiden. Die Zwiebel abziehen, halbieren
und in Ringe schneiden.

3 Das Pflanzenöl erhitzen und Paprika und Zwiebelringe darin 4 Minuten braten. Dann den Kebab zugeben und 2 Minuten mitbraten. Mit dem Reis vermischen und mit Salz und Pfeffer abschmecken.

4 Eine Auflaufform buttern und den Reis hineinfüllen. Den Schafskäse zerbröseln und über den Kebabreis verteilen. Im vorgeheizten Ofen bei 220 °C (Gas Stufe 4–5, Umluft 200 °C) 5 Minuten überbacken.

Penne mit Champignons und Tomatenstreifen

ZUTATEN FÜR 4 PORTIONEN

500 g Penne • 250 g Champignons • 8 EL Olivenöl • 1 kleine Zwiebel 1 Knoblauchzehe • 4 Tomaten • Salz, Pfeffer • 50 g geriebener Parmesan

Zubereitungszeit: ca. 25 Minuten

ZUBEREITUNG

1 Die Nudeln in reichlich Salzwasser in 10 bis 12 Minuten al dente kochen. Abgießen und abtropfen lassen.

2 In der Zwischenzeit die Champignons putzen und blättrig schneiden. 2 Esslöffel Öl in einer großen Pfanne erhitzen und die Champignons darin anbraten.

3 Zwiebel und Knoblauchzehe abziehen und würfeln. Zu den Champignons geben und mitbraten, bis die Zwiebelwürfel glasig sind.

4 Die Tomaten waschen, vom Stielansatz befreien, halbieren, die Kerne entfernen und das Fruchtfleisch in dünne Streifen schneiden.

5 Die Penne in die Pfanne geben, das restliche Olivenöl zugießen, die Tomatenstreifen vorsichtig unterheben und alles warm werden lassen.

6 Mit Salz und Pfeffer würzen und mit Parmesan bestreut servieren.

Unreife Tomaten oder noch grüne grüne Stellen dürfen nicht verzehrt werden, da sie den giftigen Stoff Solanin enthalten. Lassen Sie die Tomaten bei Zimmertemperatur nachreifen, dabei wird auch das giftige Solanin abgebaut.

Spinatreis mit Sultaninen und Mandeln

ZUTATEN FÜR 4 PORTIONEN

Zubereitungszeit:
ca. 25 Minuten

1 l Instantgemüsebrühe • 1 Zwiebel • 2 EL Olivenöl • 400 g Reis
100 ml Weißwein • 100 g Mandeln • 1 Packung aufgetauter Rahmspinat (TK-Ware) • 50 g Sultaninen • Salz, Pfeffer • 1 EL Butter
50 g geriebener Parmesan

ZUBEREITUNG

1 Die Gemüsebrühe aufkochen und während der gesamten
Zubereitung bei schwacher Hitze warm halten.

2 Die Zwiebel abziehen und würfeln. In einem schweren Topf
das Olivenöl bei schwacher Hitze erwärmen, Zwiebel hinzufügen und glasig dünsten.

3 Den Reis unterrühren und 1 bis 2 Minuten mitgaren. Mit
dem Weißwein ablöschen und einkochen.

4 Die Mandeln grob hacken und zusammen mit dem Spinat
und den Sultaninen zugeben.

5 Den Reis mit 1 Schöpflöffel der heißen Brühe aufgießen und
umrühren. Wenn die Flüssigkeit aufgesogen ist, einen weiteren Schöpflöffel zugeben und so verfahren, bis der Reis gar ist,

*So leicht bringen Sie
einen Hauch von
Orient in Ihre Küche:
Spinatreis, mit
Sultaninen und
Mandeln indisch
veredelt. Und der
ganze Spaß kostet
weniger als 4 DM.*

aber noch Biss hat, was etwa 20 Minuten dauert. Die Hitze so anpassen, dass der Reis stets leicht kocht. Gelegentlich umrühren. Mit Salz und Pfeffer würzen.

6 Wenn der Reis gar ist, den Topf vom Herd nehmen und Butter und Parmesan unterrühren.

Risotto mit Spargel und rohem Schinken

ZUTATEN FÜR 4 PORTIONEN

750 ml Instantfleisch- oder -gemüsebrühe • 1 Zwiebel • 2 EL Olivenöl
400 g Reis • 100 ml Weißwein • 1 Dose Erbsen • 1 Glas Spargel
100 g roher Schinken • Salz, Pfeffer • 1 EL Butter • 50 g geriebener
Parmesan

**Zubereitungszeit:
ca. 25 Minuten**

ZUBEREITUNG

1 Die Brühe aufkochen und während der gesamten Zubereitung bei schwacher Hitze warm halten.

2 Die Zwiebel abziehen und würfeln. In einem schweren Topf das Olivenöl bei schwacher Hitze erwärmen, Zwiebel hinzufügen und glasig dünsten.

3 Den Reis unterrühren und 1 bis 2 Minuten mitgaren. Mit dem Weißwein ablöschen und einkochen.

4 Den Reis mit 1 Schöpflöffel der heißen Brühe aufgießen und umrühren. Wenn die Flüssigkeit aufgesogen ist, einen weiteren Schöpflöffel zugeben und so verfahren, bis der Reis gar ist, aber noch Biss hat, was etwa 20 Minuten dauert. Die Hitze so anpassen, dass der Reis stets leicht kocht. Gelegentlich umrühren. Nach 10 Minuten Garzeit die Erbsen samt Flüssigkeit zugeben.

5 Den Spargel abtropfen lassen und in 1 Zentimeter große Stücke schneiden. Den rohen Schinken in Streifen schneiden.

6 Wenn der Reis gar ist, den Topf vom Herd nehmen. Spargel und rohen Schinken unterheben, mit Salz und Pfeffer würzen, die Butter unterrühren und den Parmesan darüber streuen.

Selbst wenn Sie frischen Spargel verwenden und den Spargel in Salzwasser gleichzeitig mit dem Reis ca. 20 Minuten garen, verlieren Sie kaum Zeit. Lediglich das Schälen von frischem weißem Spargel nimmt etwas Zeit in Anspruch. Grüner Spargel muss nicht geschält werden.

Schinkennudeln mit Ei

ZUTATEN FÜR 4 PORTIONEN

Zubereitungszeit:
ca. 20 Minuten

500 g Spiralnudeln • 200 g gekochter Schinken • 1 Zwiebel • 2 EL Butterschmalz • Salz, Pfeffer • 8 Eier • 1/2 Bund Petersilie

ZUBEREITUNG

1 Die Nudeln in reichlich Salzwasser al dente kochen. Abgießen und abtropfen lassen.

Wenn Sie die be-
reits gekochten,
übrig gebliebenen
Nudeln vom Vortag
verwenden, geht es
noch schneller und
schmeckt genauso
gut.

2 In der Zwischenzeit den Schinken in Streifen oder Würfel
schneiden. Die Zwiebel abziehen und fein würfeln.

3 Das Butterschmalz in einer großen Pfanne erhitzen und
Schinken und Zwiebel darin leicht anbräunen. Die Nudeln zu-
geben und unter mehrmaligem Umrühren knusprig braten.
Mit Salz und Pfeffer würzen.

4 Die Eier verschlagen, unter die Nudeln heben und stocken
lassen.

5 Die Petersilie waschen, trockentupfen, die Blättchen abzupfen und hacken. Die Schinkennudeln auf Teller verteilen und
mit Petersilie bestreut servieren.

Käserisotto mit Champignons

ZUTATEN FÜR 4 PORTIONEN

Zubereitungszeit:
ca. 25 Minuten

1 l Instantgemüsebrühe • 250 g Champignons • 1 Zwiebel • 2 EL Olivenöl • 400 g Reis • 100 ml Weißwein • 100 g Sahne • 50 g Blauschimmelkäse • 50 g geriebener Emmentaler • 50 g geriebener Parmesan
Salz, Pfeffer • 2 Stängel Petersilie

ZUBEREITUNG

1 Die Gemüsebrühe aufkochen und während der gesamten
Zubereitung bei schwacher Hitze warm halten.

2 Die Champignons putzen und blättrig schneiden. Die Zwiebel abziehen und würfeln.

3 In einem schweren Topf das Olivenöl bei schwacher Hitze erwärmen, Champignons und Zwiebel hinzufügen und andünsten. Den Reis unterrühren und 1 bis 2 Minuten mitgaren. Mit dem Weißwein ablöschen und einkochen.

4 Den Reis mit 1 Schöpflöffel der heißen Brühe aufgießen und umrühren. Wenn die Flüssigkeit aufgesogen ist, einen weiteren Schöpflöffel zugeben und so verfahren, bis der Reis gar ist, aber noch Biss hat, was etwa 20 Minuten dauert. Die Hitze so anpassen, dass der Reis stets leicht kocht. Gelegentlich umrühren.

5 Die Sahne zugießen. Blauschimmelkäse, Emmentaler und Parmesan zufügen und unter Rühren schmelzen lassen. Den Reis mit Salz und Pfeffer würzen.

6 Die Petersilie waschen, trockentupfen, die Blättchen abzupfen, hacken und vor dem Servieren über den Risotto streuen.

Spaghetti mit Peperoni und Knoblauch

ZUTATEN FÜR 4 PORTIONEN

500 g Spaghetti • 12 Peperoni • 6 Knoblauchzehen • 4 EL Olivenöl
Salz, Pfeffer • 1/2 Bund Petersilie • 100 g geriebener Parmesan

Zubereitungszeit: ca. 15 Minuten

ZUBEREITUNG

1 Die Nudeln in reichlich gesalzenem Wasser al dente kochen. Abgießen und abtropfen lassen.

2 In der Zwischenzeit die Peperoni vom Stielansatz befreien und in Ringe schneiden. Die Knoblauchzehen abziehen und in dünne Scheiben schneiden.

3 Das Olivenöl in einer großen Pfanne erhitzen und den Knoblauch darin goldbraun braten. Die Nudeln zugeben, die Peperoni unterheben und mit Salz und Pfeffer würzen.

4 Die Petersilie waschen, trockentupfen, die Blättchen abzupfen, hacken und über die Spaghetti streuen. Den Parmesan getrennt dazu reichen.

Dieses Gericht ist vielleicht für den einen oder anderen Gaumen etwas zu scharf. Am besten testen Sie einfach vorher vorsichtig eine Peperoni.

Spaghetti mit Räucherlachs und Shrimps

Zutaten für 4 Portionen

Zubereitungszeit:
ca. 20 Minuten

500 g Spaghetti • 1 EL Olivenöl • 1 Zwiebel • 20 g Butter • 150 g Sahne
Salz, weißer Pfeffer • 100 g Shrimps in Lake • 120 g Räucherlachs

Zubereitung

Sie müssen nicht unbedingt ein Feinkostgeschäft aufsuchen, um Shrimps oder Räucherlachs einzukaufen. Auch ALDI bietet diese Produkte an, und das meist erheblich preiswerter.

1 Die Nudeln in reichlich gesalzenem Wasser mit etwas Olivenöl al dente kochen. Abgießen und abtropfen lassen.

2 In der Zwischenzeit die Zwiebel abziehen und würfeln. Die Butter in einer Pfanne erhitzen und die Zwiebel darin glasig dünsten. Die Sahne zugeben und die Flüssigkeit um 1/3 einreduzieren. Mit Salz und Pfeffer würzen.

3 Die Nudeln mit der Sauce vermischen. Die Shrimps zugeben und erwärmen.

4 Den Räucherlachs in ca. 1/2 Zentimeter breite Streifen schneiden, unter die Pasta mengen und sofort servieren.

Penne mit Paprika, Bauchspeck und Schafskäse

Zutaten für 4 Portionen

Zubereitungszeit:
ca. 20 Minuten

500 g Penne • 2 Paprikaschoten • 1 Zwiebel • 2 EL Olivenöl • 100 g gewürfelter Bauchspeck • 4 EL Rotwein • 200 g passierte Tomaten
2 EL Butter • Salz, Pfeffer • 150 g Schafskäse

Zubereitung

1 Die Nudeln in reichlich gesalzenem Wasser al dente kochen. Abgießen und abtropfen lassen.

2 In der Zwischenzeit die Paprika waschen, halbieren, von Stielansatz, weißen Zwischenwänden und Kernen befreien und in Streifen schneiden. Die Zwiebel abziehen und fein würfeln.

3 Das Olivenöl in einer großen Pfanne erhitzen und die Bauchspeckwürfel bei mittlerer Hitze anbraten. Paprikastreifen und Zwiebelwürfel zugeben und 5 Minuten mitgaren.

4 Mit dem Rotwein ablöschen, die passierten Tomaten zugießen, aufkochen, die Butter hinzufügen und schmelzen. Mit Salz und Pfeffer würzen.

5 Den Schafskäse zerbröseln und in die Sauce rühren. Die Nudeln unterheben, eventuell nochmals erwärmen. Die Penne auf vier Teller verteilen und sofort servieren.

Kartoffelwürfel mit Bohnen und Wurst

ZUTATEN FÜR 4 PORTIONEN

600 g Kartoffeln • 1 grüne Paprikaschote • 1 Zwiebel • 2 EL Olivenöl 250 g Schinken-Pfefferlinge • 1 Dose weiße Bohnen • 100 ml Instantbrühe • Grillgewürz • Salz, Pfeffer • 100 g Schmand

Zubereitungszeit: ca. 25 Minuten

ZUBEREITUNG

1 Die Kartoffeln schälen, in kleine Würfel schneiden und in leicht gesalzenem Wasser in 10 Minuten bissfest kochen. Abgießen und abtropfen lassen.

2 In der Zwischenzeit den Paprika waschen, halbieren, von Stielansatz, weißen Zwischenwänden und Kernen befreien und klein hacken. Die Zwiebel abziehen und fein würfeln.

3 Das Olivenöl in einer großen Pfanne erhitzen. Paprika und Zwiebel darin anbraten.

4 Die Schinken-Pfefferlinge in dünne Scheiben schneiden. Zusammen mit den Kartoffelwürfeln in die Pfanne geben und 5 Minuten mitbraten.

5 Die Bohnen abtropfen lassen und zu den Kartoffeln geben. Mit der Brühe aufgießen und die Flüssigkeit verdampfen lassen. Mit Grillgewürz, Salz und Pfeffer würzen.

6 Die Kartoffel-Bohnen-Pfanne vom Herd nehmen und den Schmand unterheben.

Als Variante können Sie anstelle der weißen Bohnen auch grüne Bohnen aus dem Glas verwenden.

Kartoffeln mit Champignonsahne

ZUTATEN FÜR 2 PORTIONEN

Zubereitungszeit:
ca. 30 Minuten

500 g Kartoffeln • 1 Zwiebel • 500 g Champignons • 2 EL Butter
200 g Sahne • Salz, Pfeffer • 100 g geriebener Emmentaler

ZUBEREITUNG

1 Die Kartoffeln schälen, vierteln und in Salzwasser 20 Minuten garen.

2 In der Zwischenzeit die Zwiebel abziehen und fein würfeln. Die Champignons putzen und blättrig schneiden.

Servieren Sie dieses Gericht mit grünem Salat als Beilage, oder reichen Sie Baguette in Scheiben dazu.

3 In einer Pfanne die Butter erhitzen und die Zwiebel darin glasig dünsten. Die Champignons zugeben und garen, bis der Pilzsaft aufgesogen ist. Mit Sahne aufgießen, mit Salz und Pfeffer würzen und 5 Minuten bei schwacher Hitze garen.

4 Die Kartoffeln abgießen, in Scheiben schneiden und mit der Champignonsahne auf Tellern anrichten. Mit Käse bestreuen.

Überbackene Tortellini

ZUTATEN FÜR 4 PORTIONEN

Zubereitungszeit:
ca. 25 Minuten

500 g frische Tortellini • 200 g aufgetauter Rahmspinat (TK-Ware)
50 g Sahne • 200 g Frischkäse • Salz, Pfeffer • 1 EL Butter
100 g Schafskäse

ZUBEREITUNG

1 Die Tortellini nach Packungsanweisung zubereiten. Abgießen und abtropfen lassen.

2 Den Spinat mit Sahne und Frischkäse vermischen und die Tortellini unterheben. Mit Salz und Pfeffer würzen.

3 Eine Auflaufform buttern und die Tortellini hineinfüllen. Den Schafskäse zerbröseln und darüber streuen. Im vorgeheizten Backofen bei 200 °C (Gas Stufe 3–4, Umluft 180 °C) 12 bis 15 Minuten überbacken.

Spaghetti mit rohem Schinken und Oliven

ZUTATEN FÜR 4 PORTIONEN

500 g Spaghetti • 1 kleine Zwiebel • 2 EL Olivenöl • 50 g Butter
100 ml Rotwein • 1 EL Essig • 50 g entsteinte schwarze Oliven
100 g roher Schinken • Salz, Pfeffer • 100 g geriebener Parmesan

Zubereitungszeit:
ca. 25 Minuten

ZUBEREITUNG

1 Die Spaghetti in reichlich Salzwasser in 10 bis 12 Minuten al dente kochen. Abgießen und abtropfen lassen.
2 In der Zwischenzeit die Zwiebel abziehen und würfeln. Das Olivenöl erhitzen und die Zwiebelwürfel darin glasig dünsten. Die Butter hinzufügen, zerlassen, mit dem Rotwein ablöschen und aufkochen. Den Essig einrühren.
3 Die Oliven halbieren. Den rohen Schinken in Streifen schneiden. Beides in die Sauce geben. Mit Salz und Pfeffer würzen.
4 Die Nudeln zugeben und vorsichtig unterheben. Auf Teller anrichten und mit viel Parmesan bestreut servieren.

Italienische leichte Küche: Spaghetti mit Schinken und Oliven versetzen Sie schon beim Kochen über die Alpen. Noch besser schmeckt es, wenn Sie keinen geriebenen Parmesan verwenden, sondern ihn frisch vom Stück hobeln.

Haselnusskartoffeln

ZUTATEN FÜR 4 PORTIONEN

Zubereitungszeit:
ca. 25 Minuten

800 g Kartoffeln • 200 g Sahne • 100 ml Weißwein • 100 g Blauschimmelkäse • Salz, Pfeffer • 200 g Haselnüsse • 2 EL Pflanzenöl

ZUBEREITUNG

1 Die Kartoffeln schälen, in kleine Würfel schneiden und in
leicht gesalzenem Wasser in 10 Minuten bissfest kochen.
Abgießen und abtropfen lassen.

2 In der Zwischenzeit die Sahne zusammen mit dem
Weißwein aufkochen. Den Blauschimmelkäse zerbröseln und
in der Sahne auflösen. Mit Salz und Pfeffer würzen.

3 Die Haselnüsse grob hacken. Das Pflanzenöl in einer großen
Pfanne erhitzen. Kartoffelwürfel und Haselnüsse darin bei
mittlerer Hitze unter ständigem Rühren 4 Minuten braten.
Die Sahne-Käse-Sauce zugießen, kurz aufkochen und sofort
servieren.

Kartoffel-Brokkoli-Gemüse

ZUTATEN FÜR 4 PORTIONEN

Zubereitungszeit:
ca. 25 Minuten

500 g Kartoffeln • 500 g Brokkoli • 1 Zwiebel • 1 EL Olivenöl
100 ml Rotwein • 2 EL Sherry • 2 Dosen Tomaten • Salz, Pfeffer
2 EL Butter • 100 g geriebener Parmesan

ZUBEREITUNG

Aufgrund seines ho-
hen Folsäureanteils
spielt Brokkoli, eben-
so wie die meisten
Kohlarten, eine wich-
tige Rolle für den
Zellstoffwechsel.

1 Die Kartoffeln schälen, in kleine Würfel schneiden und in
leicht gesalzenem Wasser in 10 Minuten bissfest kochen. Den
Brokkoli putzen, in Röschen zerteilen und ebenfalls bissfest
blanchieren.

2 In der Zwischenzeit die Zwiebel abziehen und fein würfeln.
Das Olivenöl in einem Topf erhitzen und die Zwiebelwürfel
darin glasig dünsten. Mit Rotwein und Sherry ablöschen.

3 Die Tomaten mit der Flüssigkeit zu den Zwiebelwürfeln geben und 5 Minuten bei mittlerer Hitze kochen. Die Tomaten dabei mit einem Kochlöffel etwas zerdrücken. Mit Salz und Pfeffer würzen.

4 Kartoffelwürfel und Brokkoliröschen zu den Tomaten geben und durchrühren. Die Butter hinzufügen und kurz vor dem Servieren den Parmesan unterheben.

Kartoffelragout mit Forelle

ZUTATEN FÜR 4 PORTIONEN

750 g Kartoffeln • 50 g Butter • 1 EL Zucker • 1 Dose Erbsen • 1 EL Mehl
ca. 150 ml Instantgemüsebrühe • 125 ml Weißwein • 1 TL Zitronensaft
Salz, Pfeffer • 1 Eigelb • 200 g Sahne • 4 geräucherte Forellenfilets • 2 Stängel Petersilie

Zubereitungszeit:
ca. 25 Minuten

ZUBEREITUNG

1 Die Kartoffeln schälen, in kleine Würfel schneiden und in leicht gesalzenem Wasser in 10 Minuten bissfest kochen. Abgießen und abtropfen lassen.

2 In der Zwischenzeit die Butter in einem Topf zerlassen, den Zucker hinzufügen und goldbraun karamellisieren. Die Erbsen abtropfen lassen, die Flüssigkeit dabei auffangen. Die Erbsen in den Topf geben und kurz mitdünsten.

3 Das Mehl über die Erbsen stäuben und anschwitzen. Die Erbsenflüssigkeit mit der Gemüsebrühe auf 250 Milliliter ergänzen und mit dem Weißwein zu den Erbsen gießen. 5 Minuten kochen, mit Zitronensaft, Salz und Pfeffer abschmecken.

4 Das Eigelb mit der Sahne verschlagen und unter die Erbsen rühren. Die Kartoffelwürfel unterheben.

5 Die Forellenfilets in mundgerechte Stücke teilen. Die Petersilie waschen, trockentupfen, die Blättchen abzupfen und hacken. Forelle und Petersilie in das Kartoffelragout geben, durchrühren und sofort servieren.

Forellen sind überwiegend in kalten Seen oder Flüssen zu Hause und zeichnen sich durch ihr festes Fleisch aus. Besonders schmackhaft ist die Bachforelle, die sich wie der Name verrät in klaren Gebirgsbächen aufhält.

Kartoffel-Gemüse-Pfanne mit Camembert überbacken

Zutaten für 4 Portionen

Zubereitungszeit: ca. 30 Minuten

600 g Kartoffeln • 1 Packung aufgetaute Gemüsepfanne (TK-Ware) edelsüßes Paprikapulver • Salz, Pfeffer • 100 g Sahne • 2 Stängel Petersilie • 2 EL Butter • 2 Camembert

Zubereitung

Da tiefgefrorenes Gemüse in der Regel ganz frisch eingefroren wird, enthält es mehr Vitamine und Mineralstoffe als zu lange gelagertes frisches Gemüse.

1 Die Kartoffeln schälen, in kleine Würfel schneiden und in leicht gesalzenem Wasser in 10 Minuten bissfest kochen. Abgießen und abtropfen lassen.

2 Die Kartoffelwürfel mit dem aufgetauten Gemüse vermischen, mit Paprikapulver, Salz und Pfeffer würzen und die Sahne unterheben.

3 Die Petersilie waschen, trockentupfen, die Blättchen abzupfen und hacken. Eine Auflaufform buttern und die Kartoffel-Gemüse-Mischung hineinfüllen. Mit Petersilie bestreuen.

4 Den Camembert in Scheiben schneiden und auf das Gemüse legen. Im vorgeheizten Ofen bei 220 °C (Gas Stufe 4–5, Umluft 200 °C) 12 bis 15 Minuten überbacken.

Bohnenreis mit geräucherter Putenbrust

Zutaten für 4 Portionen

Zubereitungszeit: ca. 25 Minuten

200 g Reis • 2 EL Olivenöl • 1 Zwiebel • 1 Knoblauchzehe • 2 EL Butterschmalz • 1 Dose Kidneybohnen • 1 Dose weiße Bohnen • edelsüßes Paprikapulver • Salz, Pfeffer • 150 g geräucherte Putenbrust 1 Bund Petersilie

Zubereitung

1 Den Reis in der doppelten Menge leicht gesalzenem Wasser in 18 Minuten weich kochen. Das Olivenöl unterziehen.

2 In der Zwischenzeit die Zwiebel und die Knoblauchzehe abziehen und fein würfeln. Das Butterschmalz in einem Topf erhitzen und Zwiebel und Knoblauch darin bei schwacher Hitze in 4 Minuten glasig dünsten.

3 Die Bohnen abtropfen lassen, zu der Zwiebel geben und erhitzen. Den Reis hinzufügen und unterheben. Mit Paprikapulver, Salz und Pfeffer würzen.

4 Die Putenbrust in Streifen schneiden, in den Reis geben und warm werden lassen.

5 Die Petersilie waschen, trockentupfen, die Blättchen abzupfen, hacken und unmittelbar vor dem Servieren in das Reisgericht einrühren.

Penne mit Lauch, Mais und Tomaten

ZUTATEN FÜR 4 PORTIONEN

500 g Penne • 4 Tomaten • 1 Stange Lauch • 2 Knoblauchzehen
2 EL Olivenöl • 50 g Butter • 100 ml Weißwein • Salz, Pfeffer
150 g Mais aus der Dose • 50 g geriebener Parmesan

Zubereitungszeit:
ca. 20 Minuten

ZUBEREITUNG

1 Die Penne in reichlich Salzwasser in 10 bis 12 Minuten al dente kochen. Abgießen und abtropfen lassen.

2 In der Zwischenzeit die Tomaten waschen, vom Stielansatz befreien, halbieren, die Kerne herauskratzen und das Fruchtfleisch würfeln. Den Lauch putzen und in Ringe schneiden. Die Knoblauchzehen abziehen und in dünne Scheiben schneiden.

3 Das Olivenöl erhitzen und den Knoblauch darin andünsten. Den Lauch zugeben und kurz mitbraten.

4 Die Butter hinzufügen, zerlassen und mit dem Weißwein ablöschen. Etwas einkochen. Mit Salz und Pfeffer würzen.

5 Den Mais zugeben. Die Nudeln und die Tomatenwürfel unterheben. Nochmals abschmecken. Den Parmesan getrennt dazu reichen.

Beim Andünsten von Lauch müssen Sie vorsichtig sein. Er sollte auf keinen Fall braun werden, da er sonst bitter schmeckt.

Deftiges

Ob mit Fleisch, Fisch oder Gemüse – Liebhaber der

deftigen Küche kommen hier auf den Geschmack.

(Im Bild: Bauernfrühstück, Rezept Seite 59)

Viel Geschmack in kurzer Zeit

Wenn einem der Sinn nach so richtig deftiger Hausmanns-
kost steht, wird man im folgenden Kapitel mit Sicherheit
fündig werden. Gerade bei Gerichten, die kräftig im Geschmack sind, hat man die Befürchtung, dass man das nur
über eine lange Zubereitungszeit erreichen kann. Das ent-
spricht aber nicht immer den Tatsachen. Mit geschmacksin-
tensiven Zutaten wie geräucherten Würsten, Bauchspeck
oder Gewürzgurken und Konserven mit deftigen Klassikern
wie Sauerkraut, Rotkohl und Linsen bietet ALDI einige Möglichkeiten, auch mit kurzen Zubereitungszeiten dieses Be-
dürfnis zu befriedigen.

Kartoffel-Kraut-Suppe

ZUTATEN FÜR 4 PORTIONEN

Zubereitungszeit:
ca. 25 Minuten

2 Portionen Kartoffelpüreepulver • 325 ml Milch • 1 Zwiebel
2 EL Butterschmalz • 250 g Sauerkraut aus der Dose • 750 ml Instantbrühe • 50 g Sahne • 12 Kabanossi-Salamisnack-Würstchen
edelsüßes Paprikapulver • Salz, Pfeffer • 2 Stängel Petersilie

ZUBEREITUNG

Zur Kartoffel-Kraut-
Suppe schmeckt
kerniges Vollkorn-
brot besonders gut.

1 Das Kartoffelpüree nach Packungsanweisung mit 125 Milliliter Milch zubereiten.
2 Die Zwiebel abziehen und fein würfeln. Das Butterschmalz
in einem Topf erhitzen und die Zwiebelwürfel darin anbraten.
3 Das Sauerkraut abtropfen lassen und grob hacken. In den
Topf geben und erhitzen.
4 Das Kraut mit der Brühe aufgießen und aufkochen. 5 Minuten bei schwacher Hitze zugedeckt ziehen lassen.
5 Die restliche Milch und die Sahne zur Brühe geben und
nochmals aufkochen. Das Kartoffelpüree hinzufügen und
gut verrühren.

6 Die Kabanossi-Würstchen in die Suppe geben und warm werden lassen. Mit Paprikapulver, Salz und Pfeffer würzen.
7 Die Petersilie waschen, trockentupfen, die Blättchen abzupfen, hacken und vor dem Servieren über die Suppe streuen.

Thunfischbratlinge

ZUTATEN FÜR 4 PORTIONEN

4 Portionen Kartoffelpüreepulver • 250 ml Milch • 1 rote Paprikaschote • 1 Zwiebel • 1 Knoblauchzehe • 2 EL Butterschmalz 400 g Thunfisch aus der Dose • 2 Eier • Salz, Pfeffer • 2 EL Zitronensaft • 2 EL gehackte Petersilie • 30 g Mehl • 100 g Semmelbrösel 2 EL Pflanzenöl

Zubereitungszeit: ca. 25 Minuten

ZUBEREITUNG

1 Das Kartoffelpüree nach Packungsanweisung mit der Milch zubereiten. Dabei 2 Esslöffel Milch zurückbehalten.
2 Den Paprika waschen, halbieren, von Stielansatz, weißen Zwischenwänden und Kernen befreien und hacken. Die Zwiebel und die Knoblauchzehe abziehen und fein würfeln.
3 Das Butterschmalz erhitzen und Zwiebel und Knoblauch darin anbraten. Paprika zugeben und 5 Minuten mitdünsten, dann vom Herd nehmen.
4 Den Thunfisch abtropfen lassen, mit einer Gabel zerpflücken und mit Kartoffelpüree, der Zwiebel-Paprika-Mischung und 1 Ei zu einem glatten Teig verarbeiten. Mit Salz, Pfeffer, Zitronensaft und gehackter Petersilie würzen.
5 Das verbliebene Ei mit der restlichen Milch verschlagen. Aus der Thunfischmasse 8 Bratlinge formen, erst in Mehl, dann in Ei wenden und mit den Semmelbröseln panieren.
6 Das Öl in einer Pfanne erhitzen und die Thunfischbratlinge bei starker Hitze anbraten. Sofort wenden und die Temperatur auf schwache Hitze reduzieren. Unter nochmaligem Wenden in 6 Minuten knusprig braun braten.

Thunfische, die zur Familie der Makrelen gehören und eine Länge von bis zu fünf Metern erreichen können, galten auch schon im Altertum als Delikatesse – eingelegt, geräuchert oder als Steak gebraten.

Bayerische Brotzeitpfanne

ZUTATEN FÜR 4 PORTIONEN

Zubereitungszeit:
ca. 20 Minuten

1 Dose Sauerkraut • 200 g gegartes Wammerl • 1 Packung Leberkäse
2 EL Butterschmalz • 1 Packung Nürnberger Bratwürstchen • 4 Portionen Kartoffelpüreepulver • 250 ml Milch

ZUBEREITUNG

1 Das Sauerkraut mit 100 Milliliter Wasser in einen Topf geben und aufkochen.

2 Das Wammerl in 4 Scheiben schneiden und auf das Sauerkraut legen. Zugedeckt bei schwacher Hitze 15 Minuten garen.

Zur bayerischen Brotzeitpfanne darf natürlich der Senf nicht fehlen. Aber den finden Sie auch bei ALDI.

3 In der Zwischenzeit den Leberkäse in 1 1/2 Zentimeter dicke Scheiben schneiden. Das Butterschmalz in einer großen Pfanne erhitzen. Leberkäse und Bratwürste darin bei mittlerer Hitze 6 bis 8 Minuten braten. Nach Hälfte der Garzeit wenden.

4 Das Kartoffelpüree nach Packungsanweisung mit der Milch zubereiten.

5 Sämtliche Zutaten portionsweise auf vier Tellern anrichten und sofort servieren.

Gebratene Eierspätzle mit Schinken-Pfefferlingen und Emmentaler

ZUTATEN FÜR 4 PORTIONEN

Zubereitungszeit:
ca. 20 Minuten

500 g Eierspätzle • 1 Zwiebel • 200 g Schinken-Pfefferlinge
200 g Emmentaler • 4 Stängel Petersilie • 2 EL Butterschmalz • Salz, Pfeffer

ZUBEREITUNG

1 Die Eierspätzle in reichlich Salzwasser in 10 bis 12 Minuten al dente kochen. Abgießen und abtropfen lassen.

2 In der Zwischenzeit die Zwiebel abziehen und fein würfeln. Die Würste in Scheiben schneiden. Den Emmentaler würfeln.

Die Petersilie waschen, trockentupfen, die Blättchen abzupfen und hacken.

3 Das Butterschmalz in einer großen Pfanne erhitzen und die Zwiebel darin anbraten. Die Eierspätzle und die Wurst zugeben und unter Rühren bei mittlerer Hitze 5 Minuten braten. Mit Salz und Pfeffer würzen.

4 Die Emmentalerwürfel zugeben und erhitzen, bis sie anfangen zu zerlaufen. Die Petersilie unterheben und sofort servieren.

Buntes Gemüseragout

ZUTATEN FÜR 4 PORTIONEN

500 g Möhren • 500 g Kohlrabi • 500 g Brokkoli • 500 ml Instantgemüsebrühe • 50 g Butter • 30 g Mehl • 125 ml Weißwein
100 g Schmand • 200 g Sahneschmelzkäse • Salz, Pfeffer • 1 TL Zitronensaft • 4 Stängel Petersilie • 30 g geriebener Parmesan

Zubereitungszeit:
ca. 30 Minuten

ZUBEREITUNG

1 Möhren und Kohlrabi schälen. Die Möhren in Scheiben, den Kohlrabi in Stifte schneiden. Den Brokkoli putzen und in Röschen zerteilen.

2 Die Brühe erhitzen und das Gemüse darin 10 Minuten kochen. Mit einem Schaumlöffel herausheben und abtropfen lassen.

3 Die Butter in einem großen Topf zerlassen und das Mehl darin anschwitzen. Mit dem Weißwein ablöschen, mit der Gemüsebrühe aufgießen und aufkochen.

4 Schmand und Käse zugeben. Den Käse unter Rühren schmelzen. Mit Salz, Pfeffer und Zitronensaft würzen.

5 Das Gemüse in die Sauce geben und langsam warm werden lassen.

6 Die Petersilie hacken und mit dem Parmesan vermischen. Vor dem Servieren über das Gemüse streuen.

Wenn es ganz schnell gehen soll, anstelle von frischem Gemüse einfach eine Packung tiefgefrorene Gemüsepfanne in die Brühe geben.

Sauerkrautauflauf

ZUTATEN FÜR 4 PORTIONEN

Zubereitungszeit:
ca. 30 Minuten

4 Portionen Kartoffelpüreepulver • 250 ml Milch • 100 g Sahne • 1 Ei
1 EL Butter • 100 g gewürfelter Bauchspeck • 1 Dose Sauerkraut
Zucker • Salz, Pfeffer • 1 Apfel • 300 g Schinken-Pfefferlinge
200 g Schmand • 1 Eigelb • 4 EL Weißwein • 50 g geriebener Käse

ZUBEREITUNG

1 Das Kartoffelpüree nach Packungsanweisung mit der Milch
zubereiten.

2 Die Sahne steif schlagen, das Ei einrühren und beides unter
das Püree heben. Das Püree in eine gebutterte Auflaufform
streichen.

3 Die Speckwürfel in einer großen Pfanne auslassen, bis sie
knusprig sind. Das Sauerkraut zugedeckt bei mittlerer Hitze
5 Minuten schmoren. Mit Zucker, Salz und Pfeffer abschmecken.

*Ein würziger
Sattmacher, der oben-
drein noch gesund ist:
Sauerkraut tut dem
Darm viel Gutes. Die
Äpfel geben dem
Gericht die erwünschte
Milde. Der Preis liegt
bei weniger als 4 DM.*

4 In der Zwischenzeit den Apfel ungeschält achteln und vom Kerngehäuse befreien. Die Wurst in etwa 1 Zentimeter dicke Scheiben schneiden.

5 Das Sauerkraut auf das Kartoffelpüree geben und den Apfel und die Wurst darauf verteilen.

6 Den Schmand mit Eigelb und Weißwein glatt rühren und den geriebenen Käse unterheben. Über den Auflauf gießen.

7 Den Auflauf im vorgeheizten Ofen bei 220 °C (Gas Stufe 4–5, Umluft 200 °C) 10 bis 15 Minuten backen.

Fischgulasch

ZUTATEN FÜR 4 PORTIONEN

250 g Rotbarschfilet (TK-Ware) • 250 g Lachsfilet (TK-Ware)
250 g Kartoffeln • 2 rote Paprikaschoten • 1 Zwiebel • 2 EL Pflanzenöl
2 EL Tomatenmark • 1 EL edelsüßes Paprikapulver • 2 EL Mehl
100 ml Rotwein • 500 ml Instantgemüsebrühe • Salz, Pfeffer

**Zubereitungszeit:
ca. 30 Minuten**

ZUBEREITUNG

1 Die Fischfilets antauen lassen, so dass sie sich in Stücke schneiden lassen.

2 Die Kartoffeln schälen und in kleine Würfel schneiden. Die Paprika waschen, halbieren, von Stielansatz, weißen Zwischenwänden und Kernen befreien und ebenfalls würfeln. Die Zwiebel abziehen und fein würfeln.

3 Das Pflanzenöl in einem Topf erhitzen und die Zwiebelwürfel darin andünsten. Die Paprika zugeben und kurz mitbraten.

Reichen Sie zum Fischgulasch Baguette in Scheiben, und servieren Sie einen gut gekühlten Weißwein.

4 Das Tomatenmark einrühren und anrösten. Mit Paprikapulver und Mehl bestäuben und durchrühren. Mit dem Rotwein ablöschen und die Flüssigkeit verdampfen lassen.

5 Die Gemüsebrühe zugießen und aufkochen. Die Kartoffelwürfel hinzufügen, mit Salz und Pfeffer würzen und zugedeckt bei schwacher Hitze 15 Minuten schmoren. Nach 5 Minuten die Fischstücke in das Gulasch geben und mitschmoren.

Kasselersalat

ZUTATEN FÜR 4 PORTIONEN

Zubereitungszeit:
ca. 25 Minuten

4 Kartoffeln • 2 Eier • 4 Tomaten • 100 g Gewürzgurken • 400 g Kasseler-Aufschnitt • 4 EL Instantfleischbrühe • 4 EL Pflanzenöl
2 EL Essig • Zucker • Salz, Pfeffer

ZUBEREITUNG

Wenn Sie den Salat
etwas würziger
haben möchten,
können Sie je nach
Geschmack in feine
Ringe geschnittene
Lauchzwiebeln
zugeben.

1 Die Kartoffeln schälen, in kleine Würfel schneiden und in kochendem Wasser 10 Minuten garen.

2 In der Zwischenzeit die Eier hart kochen, abschrecken, pellen und in Scheiben schneiden. Die Tomaten waschen, vom Stielansatz befreien und achteln. Die Gewürzgurken würfeln und das Kasseler in Streifen schneiden.

3 Wenn die Kartoffeln weich sind, abgießen und die Fleischbrühe darüber geben. Öl und Essig hinzufügen, mit Zucker, Salz und Pfeffer würzen und gut durchmischen.

4 Eier, Tomaten, Gewürzgurken und Kasseler vorsichtig unterheben und servieren.

Fischtopf mit Schmorgurken

ZUTATEN FÜR 4 PORTIONEN

Zubereitungszeit:
ca. 25 Minuten

500 g Kartoffeln • 1 Gurke • 1 Zwiebel • 2 EL Butterschmalz
250 ml Instantgemüsebrühe • 250 g Linsen aus der Dose
125 g Sahne • 1 EL Senf • 600 g aufgetautes Rotbarschfilet (TK-Ware)
1 EL Zitronensaft • 1 TL Essig • Salz, Pfeffer

ZUBEREITUNG

1 Die Kartoffeln schälen und in kleine Würfel schneiden. Die Gurke schälen, längs halbieren, die Kerne mit einem Löffel herauskratzen und das Fruchtfleisch in Scheiben schneiden.

2 Die Zwiebel abziehen und fein würfeln. Das Butterschmalz in einem Topf erhitzen, die Zwiebel andünsten, Kartoffeln und

Gurken zugeben. Mit Gemüsebrühe aufgießen und zugedeckt
10 Minuten bei schwacher Hitze garen.

3 Die Linsen hinzufügen. Sahne und Senf einrühren. Den
Fisch in Stücke zerteilen, zum Gemüse geben und zugedeckt
weitere 5 Minuten kochen.

4 Mit Zitronensaft, Essig, Salz und Pfeffer würzen, vorsichtig
umrühren und sofort servieren.

Bauernfrühstück

ZUTATEN FÜR 4 PORTIONEN

4 große Kartoffeln • 100 g Bauchspeck • 100 g gekochter Schinken
2 Essiggurken • 4 Tomaten • 1 kleine Zwiebel • 4 Eier • 4 EL Milch
Salz, Pfeffer • 1 EL Butterschmalz • 1/2 Bund Schnittlauch

**Zubereitungszeit:
ca. 25 Minuten**

ZUBEREITUNG

1 Die Kartoffeln schälen, in kleine Würfel schneiden und in
leicht gesalzenem Wasser in 10 Minuten bissfest kochen.
Abgießen und abtropfen lassen.

2 In der Zwischenzeit den Bauchspeck und den gekochten
Schinken in Würfel schneiden.

3 Die Essiggurken in Scheiben schneiden. Die Tomaten
waschen, vom Stielansatz befreien und achteln. Die Zwiebel
abziehen und würfeln.

4 Die Eier mit der Milch verrühren und mit Salz und Pfeffer
würzen.

5 Die Speckwürfel in einer großen Pfanne auslassen, das Butterschmalz zugeben und die Kartoffelwürfel darin anbraten.
Die Zwiebelwürfel zugeben und kurz mitbraten.

6 Den gekochten Schinken, Essiggurken und Tomaten in die
Pfanne geben, mit der Eiermilch übergießen und das Ei in
5 Minuten bei mittlerer Hitze stocken lassen.

7 Den Schnittlauch in Röllchen schneiden und vor dem Servieren über das Bauernfrühstück streuen.

**Das Bauernfrüh-
stück ist ein ausge-
zeichnetes Reste-
essen. Sie können
alles hineinschnei-
den, was Sie in
Ihrem Kühlschrank
noch finden, das
kleine Stück Braten
vom Vortag, Papri-
ka, der übrig ge-
blieben ist, oder die
Champignons, für
die Sie auch keine
besondere Verwen-
dung mehr haben.**

Kartoffel-Linsen-Plätzchen mit Wiener Würstchen

ZUTATEN FÜR 4 PORTIONEN

Zubereitungszeit:
ca. 25 Minuten

4 Portionen Kartoffelpüreepulver • 250 ml Milch • 1 Dose Linsen
4 Eigelbe • 1 TL Senf • 4 EL Semmelbrösel • 1 TL Essig • edelsüßes Paprikapulver • Salz, Pfeffer • 4 EL Pflanzenöl • 4 Paar Wiener Würstchen

ZUBEREITUNG

1 Das Kartoffelpüree nach Packungsanweisung mit der Milch
zubereiten.

2 Die Linsen abtropfen lassen. Kartoffelpüree und Linsen
vermischen. Die Eigelbe, Senf und Semmelbrösel einarbeiten,
so dass ein formbarer Teig entsteht. Mit Essig, Paprikapulver,
Salz und Pfeffer würzen.

**Die vegetarische Va-
riante: Lassen Sie die
Wiener Würstchen
weg, und essen Sie
einen bunt gemisch-
ten Salat dazu.**

3 Das Pflanzenöl in einer großen Pfanne erhitzen. Aus der
Kartoffel-Linsen-Masse Plätzchen von 8 Zentimeter Durchmesser formen und im heißen Öl bei mittlerer Hitze 8 Minuten braten. Nach Hälfte der Garzeit wenden.

4 In der Zwischenzeit die Wiener Würstchen in Wasser erhitzen und zu den Plätzchen reichen.

Rindersteaks mit Bohnen und Speck

ZUTATEN FÜR 4 PORTIONEN

Zubereitungszeit:
ca. 20 Minuten

100 g gewürfelter Bauchspeck • 1 Zwiebel • 1 Dose weiße Bohnen
250 g passierte Tomaten • 1 TL Essig • Zucker • Salz, Pfeffer
2 Packungen aufgetaute Rindersteaks (TK-Ware) • 2 EL Pflanzenöl

ZUBEREITUNG

1 Die Speckwürfel in einer Pfanne bei starker Hitze 2 Minuten
auslassen. Die Temperatur auf mittlere Hitze reduzieren.

2 Die Zwiebel abziehen, fein würfeln, zum Speck geben und
glasig dünsten.

3 Die Bohnen abtropfen lassen und zum Speck geben. Die passierten Tomaten hinzufügen und aufkochen. Mit Essig, Zucker, Salz und Pfeffer würzen. 5 Minuten bei schwacher Hitze kochen.

4 In der Zwischenzeit die Steaks waschen, mit Küchenpapier trockentupfen und mit Salz und Pfeffer würzen.

5 Das Pflanzenöl in einer Pfanne erhitzen und die Steaks bei starker Hitze auf jeder Seite 1 Minute anbraten. Dann die Temperatur auf mittlere Hitze reduzieren und das Fleisch auf jeder Seite weitere 3 Minuten (für medium) bzw. 4 Minuten (für durch) braten.

6 Die Steaks auf vier Teller geben, die Speckbohnen darauf verteilen und sofort servieren.

Ein zimmerwarmer spanischer Rotwein wie ein Rioja aus dem ALDI-Weinregal rundet dieses Gericht ab.

Knusprig gebratener Schweinebauch mit Rotkohl und Apfelscheiben

Zutaten für 4 Portionen

1 Glas Apfel-Rotkohl • 600 g gegartes Wammerl • 2 EL Pflanzenöl
Salz, Pfeffer • 2 Äpfel • 2 EL Butter

Zubereitungszeit: ca. 20 Minuten

Zubereitung

1 Den Rotkohl in einen Topf geben und vorsichtig erhitzen. Gelegentlich umrühren.

2 Das Wammerl in 1 Zentimeter dicke Scheiben schneiden. Das Pflanzenöl in einer Pfanne erhitzen und die Wammerlscheiben bei starker Hitze auf jeder Seite 3 Minuten braten.

3 In der Zwischenzeit die Äpfel waschen, mit einem Ausstecher vom Kerngehäuse befreien und in Scheiben schneiden.

4 Die Butter zerlassen und die Apfelscheiben darin auf beiden Seiten kurz schmoren.

5 Den Rotkohl auf vier Teller verteilen, zuerst mit dem knusprig gebratenen Schweinebauch, dann mit den Apfelscheiben belegen und sofort servieren.

Quark-Herings-Salat

ZUTATEN FÜR 4 PORTIONEN

Zubereitungszeit: ca. 15 Minuten

2 Essiggurken • 2 Äpfel • 1 Zwiebel • 1 Packung Heringsfilets in Sahne
125 g Quark • 2 EL Milch • Salz, Pfeffer • 1 EL gehackte Petersilie

ZUBEREITUNG

Gesundheitsbewusste schälen die Äpfel nicht, da gerade in der Schale viele wertvolle Nährstoffe enthalten sind.

1 Die Essiggurken würfeln. Die Äpfel schälen, vierteln, vom Kerngehäuse befreien und in Scheiben schneiden. Die Zwiebel abziehen und in Ringe schneiden. Die Heringsfilets in Stücke schneiden.

2 Den Quark mit der Milch verrühren, mit Salz und Pfeffer würzen. Die gehackte Petersilie zugeben.

3 Essiggurken, Apfelscheiben, Zwiebelringe und Heringsstücke unter den Quark heben und kurz durchziehen lassen.

Hackfleisch mit Gurken und Linsen

ZUTATEN FÜR 4 PORTIONEN

Zubereitungszeit: ca. 20 Minuten

2 EL Pflanzenöl • 500 g aufgetautes Hackfleisch halb/halb (TK-Ware)
1 Zwiebel • 2 Gewürzgurken • 1 Dose Linsen • 200 ml Instantbrühe
Salz, Pfeffer • 2 Stängel Petersilie

ZUBEREITUNG

1 Das Pflanzenöl in einer großen Pfanne erhitzen und das Hackfleisch darin bei mittlerer Hitze anbraten.

2 Die Zwiebel abziehen, fein würfeln und nach 2 Minuten zum Fleisch geben. Unter Rühren weitere 6 Minuten braten.

3 Die Gewürzgurken würfeln und mit den Linsen zum Hackfleisch geben. Mit der Brühe aufgießen. 5 Minuten kochen, bis die Flüssigkeit fast verdampft ist. Mit Salz und Pfeffer würzen.

4 Die Petersilie waschen, trockentupfen, die Blättchen abzupfen und hacken. Das Hackfleisch auf vier tiefe Teller verteilen und mit Petersilie bestreut servieren.

Armenische Pilzsuppe

ZUTATEN FÜR 4 PORTIONEN

50 g Bauchspeck • 100 g Champignons • 1 Paprikaschote • 1 Zwiebel
1 Knoblauchzehe • 2 EL Pflanzenöl • 1 Päckchen Instantkartoffelsuppe
Salz, Pfeffer

Zubereitungszeit:
ca. 25 Minuten

ZUBEREITUNG

1 Den Speck in Würfel schneiden. Die Champignons putzen
und blättrig schneiden. Den Paprika waschen, halbieren, von
Stielansatz, weißen Zwischenwänden und Kernen befreien
und in Streifen schneiden. Zwiebel und Knoblauchzehe abziehen und fein würfeln.

2 Die Speckwürfel in einem Topf erhitzen und auslassen. Das
Öl zugeben, Champignons, Paprika, Zwiebel und Knoblauch
hinzufügen und 5 Minuten andünsten.

3 Mit 750 Milliliter Wasser aufgießen und aufkochen. Die
Kartoffelsuppe einrühren, 5 Minuten ziehen lassen und mit
Salz und Pfeffer abschmecken.

*Aromatisches aus
dem Kaukasus: Die
armenische Pilzsuppe
wird mit Speck und
Knoblauch verfeinert.
Für weniger als 3 DM
ist dieses Gericht
genauso preiswert
wie würzig.*

Hackfleisch-Spinat-Auflauf

ZUTATEN FÜR 4 PORTIONEN

Zubereitungszeit:
ca. 30 Minuten

2 EL Pflanzenöl • 500 g aufgetautes Hackfleisch halb/halb (TK-Ware)
1 Zwiebel • 2 Packungen aufgetauter Spinat (TK-Ware) • Salz, Pfeffer
4 Eier • 2 EL Butter • 200 g Blauschimmelkäse

ZUBEREITUNG

1 Das Pflanzenöl in einer großen Pfanne erhitzen und das
Hackfleisch darin bei mittlerer Hitze anbraten.
2 Die Zwiebel abziehen, fein würfeln und nach 2 Minuten
zum Fleisch geben. Unter Rühren weitere 6 Minuten braten.
3 Den Spinat einrühren und aufkochen. Mit Salz und Pfeffer
würzen. Vom Herd nehmen. Die Eier verschlagen und unter
die Hackfleischmasse ziehen.
4 Den Backofen auf 200 °C (Gas Stufe 3–4, Umluft 180 °C) vorheizen. Eine Auflaufform buttern und das Hackfleisch hineinfüllen. Den Blauschimmelkäse zerbröseln und darüber streu-
en. Den Auflauf im heißen Ofen 15 Minuten überbacken.

Aufgetautes Hack-
fleisch sollte unbe-
dingt sofort ver-
arbeitet werden.
Einmal aufgetautes
Hackfleisch darf
nicht mehr einge-
froren werden.

Hackfleischtopf mit Sauerkraut

ZUTATEN FÜR 4 PORTIONEN

Zubereitungszeit:
ca. 30 Minuten

500 g Kartoffeln • 2 rote Paprikaschoten • 1 Zwiebel • 2 EL Öl
500 g aufgetautes Hackfleisch halb/halb (TK-Ware) • 500 ml Instantgemüsebrühe • 300 g Sauerkraut aus der Dose • 2 TL edelsüßes
Paprikapulver • Salz, Pfeffer • getrocknete Küchenkräuter

ZUBEREITUNG

1 Die Kartoffeln schälen, in kleine Würfel schneiden und in
kochendem Salzwasser in 10 Minuten weich kochen. Abgießen
und abtropfen lassen.
2 In der Zwischenzeit die Paprika waschen, halbieren, von
Stielansatz, weißen Zwischenwänden und Kernen befreien

und in kleine Würfel schneiden. Die Zwiebel abziehen und fein würfeln.

3 Das Öl in einem Topf erhitzen und das Hackfleisch darin kräftig anbraten. Die Zwiebel zugeben und glasig braten.

4 Das Hackfleisch mit der Gemüsebrühe ablöschen, das Sauerkraut zugeben und aufkochen. Paprikawürfel und Paprikapulver zugeben und zugedeckt 10 Minuten bei schwacher Hitze schmoren.

5 Mit Salz, Pfeffer und Küchenkräutern würzen. Die Kartoffelwürfel unterheben und warm werden lassen.

Sauerkraut aus der Dose ist relativ lange haltbar. Einmal geöffnet, sollte es allerdings nicht länger als eine Woche im Kühlschrank aufbewahrt werden.

Lammsteaks mit Zwiebel-Speck-Sauce

ZUTATEN FÜR 4 PORTIONEN

100 g gewürfelter Bauchspeck • 1 Zwiebel • 150 ml Rotwein
150 ml Instantbrühe • 1 TL Instantsaucenpulver • Salz, Pfeffer
2 Packungen aufgetaute Lammsteaks (TK-Ware) • 2 EL Pflanzenöl

Zubereitungszeit: ca. 15 Minuten

ZUBEREITUNG

1 Die Speckwürfel bei starker Hitze 2 Minuten auslassen. Die Temperatur auf mittlere Hitze reduzieren.

2 Die Zwiebel abziehen, halbieren und in Streifen schneiden. Zum Speck geben und glasig dünsten.

3 Mit Rotwein ablöschen und etwas einkochen. Mit der Brühe aufgießen, aufkochen und das Saucenpulver einrühren. Mit Salz und Pfeffer abschmecken.

4 In der Zwischenzeit die Steaks mit Küchenpapier trockentupfen und mit Salz und Pfeffer würzen.

5 Das Pflanzenöl in einer Pfanne erhitzen und die Steaks bei starker Hitze auf jeder Seite 1 Minute anbraten. Die Temperatur auf mittlere Hitze reduzieren und auf jeder Seite weitere 3 Minuten (für medium) bzw. 4 Minuten (für durch) braten.

6 Die Steaks auf vier Teller geben, die Zwiebel-Speck-Sauce darüber schöpfen und sofort servieren.

Delikates für besondere Anlässe

Gerichte für Feinschmecker, die sich oder ihre Gäste

gerne mit etwas ganz Besonderem verwöhnen.

(Im Bild: Schweinefilet mit Mandarinensauce,

Rezept Seite 77)

Kulinarisches in Rekordzeit

Wer glaubt, schnell zubereitet sei gleichzusetzen mit einfach und langweilig, der irrt sich gewaltig. Ähnlich verhält es sich mit dem, der glaubt, ALDI biete zwar eine große Auswahl an Lebensmitteln für den alltäglichen Bedarf, doch für anspruchsvollere Rezepte müsse man schon einen Feinkostladen aufsuchen. Die folgenden Rezepte bieten einige Ideen, die über das normale Standardküchenprogramm hinausgehen, dennoch nicht Tage für das Besorgen der Zutaten in Anspruch nehmen und alle in höchstens 30 Minuten zubereitet sind. Treffen Sie Ihre Wahl aus originellen Salaten, Suppen und Vorspeisen und Köstlichkeiten mit Fisch, Fleisch und Geflügel.

Zucchinisalat mit Shrimps und Oliven

ZUTATEN FÜR 4 PORTIONEN

Zubereitungszeit: ca. 25 Minuten

4 Zucchini • 2 EL Öl • 1 EL Zitronensaft • Salz • 1 kleine Zwiebel
2 EL Essig • 4 EL Olivenöl • schwarzer Pfeffer • 100 g Shrimps in Lake
100 g Oliven • 1/2 Bund Schnittlauch

ZUBEREITUNG

Zucchini enthalten viele wertvolle Nährstoffe, die allerdings beim Garen zum größten Teil verloren gehen. Neben Kalzium, Phosphor und Eisen sind vor allem das Provitamin A und Vitamin C enthalten.

1 Die Zucchini waschen, von Blütenansatz und Stielende befreien und in 1/2 Zentimeter dicke Scheiben schneiden.

2 Das Öl erhitzen und die Zucchini darin anbraten. Mit Zitronensaft und 4 Esslöffeln Wasser aufgießen und 10 Minuten zugedeckt dünsten. Mit Salz würzen.

3 Die Zwiebel abziehen und fein reiben. Mit Essig, Olivenöl und der Zucchinibrühe zu einer sämigen Sauce verrühren. Mit Salz und Pfeffer würzen.

4 Shrimps, Oliven und Zucchinischeiben vermischen und mit dem Dressing übergießen. Den Schnittlauch in Röllchen schneiden und vor dem Servieren über den Salat streuen.

Lachstatar

ZUTATEN FÜR 4 PORTIONEN

400 g aufgetauter Lachs (TK-Ware) • 1 Zwiebel • 1 Gewürzgurke
2 Stängel Petersilie • 1 TL Zitronensaft • 1 EL Olivenöl • Salz, Pfeffer
1 Zitrone

Zubereitungszeit:
ca. 15 Minuten

ZUBEREITUNG

1 Den Lachs zuerst in Stücke schneiden, dann mit einem
großen, schweren Messer hacken. Die Zwiebel abziehen. Gewürzgurke und Zwiebel sehr fein hacken. Die Petersilie waschen, trockentupfen, die Blättchen abzupfen und hacken.
2 Den Lachs mit Zwiebel, Gewürzgurke und Petersilie vermischen. Mit Zitronensaft und Olivenöl anmachen und mit
Salz und Pfeffer würzen. Die Zitrone in Spalten schneiden und
dazu reichen.

Anstelle der Zitro-
nenspalten können
Sie den Lachstatar
auch mit Sahne-
meerrettich garniert
servieren.

Lachsauflauf mit Gemüse

ZUTATEN FÜR 4 PORTIONEN

150 g Sahne • 150 ml Weißwein • 150 g Schmand • 2 EL Zitronensaft
Zucker • Salz, Pfeffer • 2 EL Butter • 1 Packung aufgetaute Gemüsepfanne (TK-Ware) • 600 g aufgetautes Lachsfilets (TK-Ware)
250 g Gouda

Zubereitungszeit:
ca. 25 Minuten

ZUBEREITUNG

1 Die Sahne mit dem Weißwein aufkochen. Den Schmand einrühren und mit Zitronensaft, Zucker, Salz und Pfeffer würzen.
2 Eine Auflaufform buttern und die Gemüsepfanne hineingeben. Die Lachsfilets mit Salz und Pfeffer würzen und auf das
Gemüse setzen.
3 Die Sauce über den Fisch gießen, den Käse reiben und darüber streuen. Den Auflauf im vorgeheizten Backofen bei 220 °C
(Gas Stufe 4–5, Umluft 200 °C) in 15 Minuten überbacken.

Räucherlachsterrine

ZUTATEN FÜR 4 PORTIONEN

Zubereitungszeit:
ca. 20 Minuten

350 g Räucherlachs • 1 Gewürzgurke • 1 Bund Schittlauch
600 g Kräuterfrischkäse • 1 TL Senf • 1 TL Zitonensaft • 2 cl Cognac
Salz, Pfeffer • 1 EL Olivenöl

ZUBEREITUNG

1 50 Gramm Räucherlachs und die Gewürzgurke so fein wie
möglich hacken. Den Schnittlauch in Röllchen schneiden.

2 Die so vorbereiteten Zutaten mit Kräuterfrischkäse, Senf,
Zitronensaft und Cognac zu einer glatten Creme verarbeiten.
Mit Salz und Pfeffer würzen.

Reichen Sie zu
diesem Gericht
Weißbrot in
Scheiben.

3 Eine kleine Terrinenform mit Frischhaltefolie auslegen. Die
Folie mit Olivenöl bestreichen und die Form mit den restlichen
Räucherlachsscheiben auskleiden.

4 Die Frischkäsecreme hineinfüllen und die Lachsscheiben
darüber zusammenklappen.

5 Mit Hilfe der Folie eine Rolle formen und fest ziehen. Die
Lachsterrine auswickeln. Ein Messer in heißes Wasser tauchen
und die Rolle vorsichtig in Scheiben schneiden.

Ananas-Apfel-Salat

ZUTATEN FÜR 4 PORTIONEN

Zubereitungszeit:
ca. 20 Minuten

1 Dose Ananas • 4 Äpfel • 4 Tomaten • 1 Kopf Blattsalat • 50 g Schmand
2 EL Mayonnaise • 4 EL Milch • Saft von 1/2 Zitrone • Zucker • Salz,
Pfeffer

ZUBEREITUNG

1 Die Ananasstücke gut abtropfen lassen und dabei den Saft
auffangen.

2 2 Äpfel waschen, mit einem Ausstecher das Kerngehäuse
entfernen und das Fruchtfleisch in dünne Scheiben schnei-

den. Die restlichen beiden Äpfel schälen, vierteln, vom Kerngehäuse befreien und in Würfel schneiden.

3 Die Tomaten waschen, vom Stielansatz befreien und würfeln. Den Salat in Blätter zerteilen, waschen und trockenschleudern.

4 Schmand, Mayonnaise, Milch und Zitronensaft mit 4 Esslöffeln Ananassaft verrühren und mit Zucker, Salz und Pfeffer
würzen. Ananasstücke, Apfel- und Tomatenwürfel vorsichtig
unter das Dressing heben.

5 Die Salatblätter auf vier Tellern auslegen, die Apfelscheiben
darauf verteilen und den Ananas-Apfel-Salat darauf geben.

Lachs auf Champignons

ZUTATEN FÜR 4 PORTIONEN

**500 g Champignons • 4 EL Butter • 150 ml Weißwein • 50 ml Sherry
600 g aufgetautes Lachsfilet (TK-Ware) • 1 EL Zitronensaft • Salz,
Pfeffer**

Zubereitungszeit:
ca. 25 Minuten

ZUBEREITUNG

1 Die Champignons putzen, große Exemplare halbieren, in
eine mit 2 Esslöffeln Butter gefete Auflaufform geben und
mit Weißwein und Sherry übergießen.

2 Den Lachs auf die Champignons setzen, mit Zitronensaft
beträufeln und mit der restlichen Butter in Flocken belegen.
Fisch und Pilze mit Salz und Pfeffer bestreuen.

3 Die Form mit Alufolie abdecken und das Gericht im vorgeheizten Backofen bei 200 °C (Gas Stufe 3–4, Umluft 180 °C)
15 Minuten garen.

Zu diesem leichten
Fischgericht
schmeckt ein
trockener Weißwein
oder ein Glas gut
gekühlter Prosecco
besonders gut.

TIPP Wenn Sie den Lachs tiefgefroren verwenden, erhöht sich
die Garzeit um 8 Minuten. Da in dieser Zeit mehr Flüssigkeit
verdampft, müssen Sie noch zusätzlich 100 Milliliter Wasser
oder Gemüsebrühe zugießen.

Entenbrust mit Pflaumensauce

ZUTATEN FÜR 4 PORTIONEN

Zubereitungszeit:
ca. 25 Minuten

100 g Trockenpflaumen • 100 ml Rotwein • 2 EL Rum • 700 g aufgetaute Entenbrust (TK-Ware) • Salz, Pfeffer • 2 EL Öl • 1 TL Instant-
geflügelsaucenpulver

ZUBEREITUNG

1 Die Trockenpflaumen in Streifen schneiden und in einer Mischung aus Rotwein, Rum und 150 Milliliter warmem Wasser
15 Minuten einweichen.

2 Inzwischen den Backofen auf 200 °C (Gas Stufe 3–4, Umluft
180 °C) vorheizen. Die Entenbrüste auf der Fettseite mehrmals
schräg einschneiden und rundum salzen und pfeffern.

3 Das Öl bei starker Hitze in einer gusseisernen Pfanne heiß
werden lassen und die Entenbrüste auf der Unterseite kurz

*Wer ALDI mit bana-
ler Küche gleichsetzt,
erliegt einem Vor-
urteil: Entenbrust
mit Pflaumensauce
ist ein Gericht auf
hohem Niveau.*

anbraten. Wenden, in den Ofen schieben und in 16 Minuten innen rosa braten. Nach 10 Minuten nochmals umdrehen, so dass die Fettseite wieder oben ist.

4 Die Entenbrüste aus der Pfanne nehmen und an einem warmen Ort ruhen lassen. Überschüssiges Fett aus der Pfanne abgießen.

5 Die eingeweichten Pflaumen mit der Flüssigkeit in die Pfanne geben und aufkochen. Die Instantsauce einrühren und nochmals aufkochen. Mit Salz und Pfeffer abschmecken.

6 Die Entenbrüste in Scheiben schneiden, auf vier Teller verteilen, die Pflaumensauce neben dem Fleisch anrichten und sofort servieren.

Gurkensalat mit Orangen

ZUTATEN FÜR 4 PORTIONEN

4 Orangen • 1 Gurke • 1 kleine Zwiebel • 150 g Joghurt • 1 EL Aprikosenmarmelade • 1 TL Zitronensaft • Zucker • Salz, Pfeffer
2 EL Mandeln

Zubereitungszeit: ca. 25 Minuten

ZUBEREITUNG

1 Die Schale von den Orangen schneiden, so dass auch die weiße Haut entfernt ist, und die Filets mit einem kleinen scharfen Messer aus den Zwischenwänden lösen. Den Saft dabei auffangen.

2 Die Gurke schälen und in Scheiben schneiden. Die Zwiebel abziehen und fein würfeln.

3 Für die Salatsauce den Joghurt mit Aprikosenmarmelade, Zitronen- und aufgefangenem Orangensaft verrühren. Mit Zucker, Salz und Pfeffer abschmecken. Die Mandeln hacken und unter die Joghurtsauce heben.

4 Orangenfilets, Gurkenscheiben und Zwiebelwürfel in eine Schüssel geben und mit der Salatsauce vermischen. Vor dem Servieren kurz durchziehen lassen.

Dieser Salat lässt sich sowohl an den Anfang eines größeren Menüs stellen als auch als Zwischengericht servieren. Er eignet sich auch als Beilage oder, wenn Sie etwas Brot dazu reichen, als kleine eigenständige Mahlzeit.

Rotbarsch mit Zitronensauce

ZUTATEN FÜR 4 PORTIONEN

Zubereitungszeit:
ca. 20 Minuten

600 g aufgetaute Rotbarschfilets (TK-Ware) • Salz, Pfeffer • 4 EL Mehl
2 EL Butterschmalz • 250 ml Weißwein • 200 g Sahne • 4 EL Zitronensaft • Zucker

ZUBEREITUNG

1 Die Rotbarschfilets mit Küchenpapier trockentupfen,
salzen, pfeffern und in Mehl wenden.
2 Das Butterschmalz in einer großen Pfanne erhitzen und die
Fischfilets darin bei schwacher Hitze 6 Minuten unter einmaligem Wenden braten. Herausnehmen und warm halten.
3 Den Bratansatz mit dem Weißwein ablöschen und aufkochen. Die Sahne zugeben und die Flüssigkeit um 1/3
reduzieren.

Als Beilage zu die-
sem Gericht emp-
fielt sich Reis oder
grüner Salat.

4 Den Zitronensaft in die Sauce einrühren und mit Zucker,
Salz und Pfeffer abschmecken.
5 Die Rotbarschfilets auf vier Teller verteilen und die Zitro-
nensauce neben dem Fisch anrichten.

Nudelkörbe mit Erbsen und Garnelen

ZUTATEN FÜR 4 PORTIONEN

Zubereitungszeit:
ca. 30 Minuten

250 g Eierspätzle • 1 Stange Lauch • 1 Zwiebel • 1 Knoblauchzehe
2 EL Pflanzenöl • 2 Packungen aufgetaute Riesengarnelen (TK-Ware)
1 Dose Erbsen • 1 Bund Schnittlauch • Salz, Pfeffer • Öl zum Frittieren

ZUBEREITUNG

1 Die Eierspätzle in reichlich Salzwasser in 8 bis 10 Minuten
bissfest kochen. Abgießen und abtropfen lassen.
2 In der Zwischenzeit den Lauch putzen, waschen und in Ringe schneiden. Die Zwiebel und die Knoblauchzehe abziehen
und fein würfeln.

3 Das Pflanzenöl in einer Pfanne erhitzen und Riesengarnelen, Zwiebel und Knoblauch darin bei starker Hitze 4 Minuten unter Rühren braten. Den Lauch zugeben und ganz kurz mitbraten.

4 Die Erbsen abtropfen lassen und mit etwas Abtropfflüssigkeit zu den Garnelen geben. Erhitzen, bis die Flüssigkeit verdampft ist. Den Schnittlauch in 3 Zentimeter lange Stücke schneiden und hinzufügen. Mit Salz und Pfeffer würzen.

5 Das Öl zum Frittieren auf 180 °C erhitzen, in einem hohen Schaumlöffel Eierspätzle zu einem Nest formen und mit der Schaumkelle in das heiße Öl tauchen. 2 Minuten frittieren, bis die Spätzle knusprig sind. Auf Küchenpapier stürzen und abtropfen lassen. Auf diese Weise vier Nester herstellen.

6 Die Nester auf Teller stellen und mit Riesengarnelen und Erbsen gefüllt servieren.

Garnelensalat mit Eiern

ZUTATEN FÜR 2 PORTIONEN

6 Eier • 1 Packung aufgetaute Riesengarnelen (TK-Ware) • 1 EL Pflanzenöl • 1 Stange Lauch • 4 EL Distelöl • 2 EL Essig • Salz, Pfeffer 1/2 Bund Schnittlauch

Zubereitungszeit: ca. 20 Minuten

ZUBEREITUNG

1 Die Eier in 10 Minuten hart kochen, abschrecken, pellen und in Scheiben schneiden.

2 In der Zwischenzeit die Garnelen im heißen Öl 5 Minuten braten. Abkühlen lassen und ebenfalls in Scheiben schneiden. Den Lauch putzen, waschen und schräg in Ringe schneiden.

3 Distelöl, Essig, Salz und Pfeffer zu einem sämigen Dressing verrühren. Garnelen und Lauch mit dem Dressing vermischen und 5 Minuten durchziehen lassen.

4 Die Eier vorsichtig unter den Salat heben. Den Schnittlauch in Röllchen schneiden und über den Salat streuen.

Eier zählen zu den nährstoffreichsten und preiswertesten Nahrungsmitteln. Abgesehen von hochwertigem Eiweiß liefern sie Kalzium, Phosphor, Magnesium und Kalium.

Schweinefilet mit Walnussfüllung

ZUTATEN FÜR 4 PORTIONEN

Zubereitungszeit: 50 g Walnüsse • 200 g Frischkäse • 1 EL Rum • 1 EL Honig • Salz, Pfeffer
ca. 25 Minuten   2 Packungen aufgetaute Schweinefiletmedaillons (TK-Ware)
2 EL Pflanzenöl

ZUBEREITUNG

1 Die Walnüsse fein hacken und mit dem Frischkäse vermischen. Rum und Honig einarbeiten und mit Salz und Pfeffer würzen.

2 Die Schweinefiletmedaillons zwischen zwei Gefrierbeutel legen und so flach wie möglich klopfen. Auf die Hälfte der Scheiben jeweils 1 Esslöffel der Walnusscreme in die Mitte geben und mit den restlichen Fleischscheiben bedecken. Mit Salz und Pfeffer würzen.

Zur Abwechslung können Sie dieses Gericht auch mit Putenfleisch zubereiten.

3 Den Backofen auf 200 °C (Gas Stufe 3–4, Umluft 180 °C) vorheizen. Das Pflanzenöl in einer Pfanne erhitzen und die gefüllten Schweinefilets darin bei mittlerer Hitze anbraten. Nach 2 Minuten wenden und weitere 2 Minuten braten. Im heißen Ofen in 8 Minuten fertig garen.

Rinderstreifen mit Paprika und Bohnen

ZUTATEN FÜR 4 PORTIONEN

Zubereitungszeit: 2 Paprikaschoten • 1 Zwiebel • 600 g aufgetaute Rindersteaks (TK-
ca. 20 Minuten   Ware) • 2 EL Pflanzenöl • 1 Dose Kidneybohnen • 100 ml Rotwein
250 ml Instantbrühe • Salz, Pfeffer • 1 TL Delikatesssauce

ZUBEREITUNG

1 Die Paprika waschen, halbieren, von Stielansatz, weißen Zwischenwänden und Kernen befreien und in Streifen schneiden. Die Zwiebel abziehen und fein würfeln. Die Rindersteaks in Streifen schneiden.

2 Das Pflanzenöl in einer großen Pfanne erhitzen und die Rindfleischstreifen bei starker Hitze 1 Minute anbraten. Die Temperatur auf mittlere Hitze reduzieren. Paprika und Zwiebel zugeben und unter Rühren 4 Minuten mitbraten.

3 Die Bohnen abtropfen lassen und in die Pfanne geben. Mit Rotwein ablöschen und mit der Brühe aufgießen. Aufkochen und mit Salz und Pfeffer würzen.

4 Die Delikatesssauce einrühren und kurz kochen lassen. Wenn die Sauce etwas eingedickt ist, die Rindfleischstreifen servieren.

Schweinefilet mit Mandarinensauce

ZUTATEN FÜR 4 PORTIONEN

1 Dose Mandarinen • 2 Packungen aufgetaute Schweinefiletmedaillons (TK-Ware) • Salz, Pfeffer • 1 TL Zitronensaft • 2 EL Mehl • 1 EL Butterschmalz • 2 EL Sherry • 200 g Sahne

Zubereitungszeit: ca. 25 Minuten

ZUBEREITUNG

1 Die Mandarinen abtropfen lassen. Die Flüssigkeit dabei auffangen.

2 Die Schweinemedaillons mit Küchenpapier trockentupfen und mit Salz und Pfeffer würzen. Mit Zitronensaft beträufeln und in Mehl wenden.

3 Das Butterschmalz in einer Pfanne erhitzen und das Schweinefilet darin bei mittlerer Hitze 8 bis 10 Minuten braten. Nach Hälfte der Garzeit wenden. Das Fleisch herausnehmen und warm halten.

4 Den Bratansatz mit der Mandarinenflüssigkeit und dem Sherry ablöschen. Mit Sahne aufgießen und um 1/3 einkochen. Mit Salz abschmecken.

5 Die Mandarinenfilets vorsichtig unter die Sauce heben. Die Schweinefiletmedaillons auf vier Tellern anrichten und mit der Sauce übergießen.

Sherry findet nicht nur in der Küche zur Verfeinerung von Speisen Verwendung, sondern er kann auch als Aperitif serviert werden.

Entenbrust mit Apfel-Zwiebel-Chutney

ZUTATEN FÜR 4 PORTIONEN

Zubereitungszeit:
ca. 25 Minuten

700 g aufgetaute Entenbrust (TK-Ware) • Salz, Pfeffer • 2 EL Pflanzenöl • 1 Zwiebel • 2 Äpfel • 1 EL Olivenöl • 1 TL Senf • 100 ml Essig 50 g Zucker • edelsüßes Paprikapulver

ZUBEREITUNG

1 Den Backofen auf 200 °C (Gas Stufe 3–4, Umluft 180 °C) vorheizen. Die Entenbrüste auf der Fettseite mehrmals schräg einschneiden und rundum salzen und pfeffern.

2 Das Pflanzenöl bei starker Hitze in einer gusseisernen Pfanne heiß werden lassen und die Entenbrüste auf der Unterseite anbraten. Wenden, in den Ofen schieben und das Fleisch in 16 Minuten innen rosa braten. Nach 10 Minuten nochmals umdrehen, so dass die Fettseite wieder oben ist.

3 In der Zwischenzeit die Zwiebel abziehen, halbieren und in Streifen schneiden. Die Äpfel schälen, vierteln, vom Kerngehäuse befreien und würfeln.

4 Für das Apfel-Zwiebel-Chutney das Olivenöl in einer Pfanne heiß werden lassen und die Zwiebel darin glasig dünsten. Die Apfelwürfel zugeben und kurz mitbraten. Senf, Essig und Zucker hinzufügen, verrühren und zugedeckt bei schwacher Hitze etwa 8 Minuten schmoren. Mit Paprikapulver, Salz und Pfeffer abschmecken.

5 Die Entenbrüste aus der Pfanne nehmen und an einem warmen Ort 5 Minuten ruhen lassen.

6 Das Fleisch in Scheiben schneiden und auf vier Teller verteilen. Das Apfel-Zwiebel-Chutney neben der Entenbrust anrichten und sofort servieren.

Die aus Indien stammenden Chutneys sind süß-scharfe Gemüse- und/oder Obstmischungen, die mit Gewürzen eingekocht und mit Essig gesäuert werden.

TIPP Wenn Sie Majoran im Haus haben, können Sie das Chutney mit 2 Stängeln frischem gehacktem oder 1 Teelöffel getrocknetem Majoran verfeinern.

Möhren-Zucchini-Suppe

ZUTATEN FÜR 4 PORTIONEN

250 g Möhren • 250 g Zucchini • 1 Zwiebel • 1 Knoblauchzehe
2 EL Butter • 250 ml Milch • 500 ml Instantgemüsebrühe • Salz,
Pfeffer • 4 Stängel Petersilie

**Zubereitungszeit:
ca. 25 Minuten**

ZUBEREITUNG

1 Die Möhren schälen, erst in Scheiben, dann in Streifen
schneiden. Die Zucchini waschen, von Blütenansatz und
Stielende befreien und in dünne Scheiben schneiden. Zwiebel
und Knoblauchzehe abziehen und würfeln.

2 Die Butter in einem Suppentopf erhitzen und Zwiebel und
Knoblauch darin andünsten. Das Gemüse zugeben und wenden, bis es leicht mit Butter überzogen ist.

3 Mit Milch und Brühe aufgießen und kurz aufkochen. Bei
schwacher Hitze 10 Minuten ziehen lassen, bis das Gemüse
bissfest gegart ist. Mit Salz und Pfeffer würzen.

4 Die Petersilie waschen, trockentupfen, die Blättchen abzupfen, hacken und vor dem Servieren über die Suppe streuen.

*Sahniger Geschmack,
wenig Kalorien: Die
Möhren-Zucchini-
Suppe ist der ideale
Starter für ein fest-
liches Menü.*

Hähnchenbrust in Erdnusshülle

ZUTATEN FÜR 4 PORTIONEN

Zubereitungszeit:
ca. 25 Minuten

200 g Erdnüsse • 700 g aufgetaute Hähnchenbrust (TK-Ware)
Pfeffer • 2 EL Pflanzenöl • 200 ml Instantgeflügelsauce • 2 EL Honig
50 ml Orangensaft

ZUBEREITUNG

1 Die Erdnüsse hacken. Die Hähnchenbrüste mit Küchenpapier trockentupfen, mit Pfeffer würzen, in den Erdnüssen wenden und diese dabei fest andrücken.

Zu diesem Gericht
schmeckt Reis als
Beilage. Als Getränk
können Sie je nach
Geschmack trockenen Weißwein oder
Rotwein servieren.

2 Den Backofen auf 200 °C (Gas Stufe 3–4, Umluft 180 °C) vorheizen. Das Pflanzenöl in einer Pfanne erhitzen. Die Hähnchenbrüste in die Pfanne geben und 2 Minuten bei mittlerer Hitze anbraten. Vorsichtig mit einer Palette wenden und im heißen Ofen weitere 10 Minuten garen.

3 Das Fleisch aus der Pfanne nehmen und warm halten. Überschüssiges Öl aus der Pfanne abgießen. Den Bratansatz in der Pfanne mit der Geflügelsauce loskochen und mit Honig und Orangensaft verfeinern.

4 Die Hähnchenbrüste auf vier Tellern anrichten und mit der Sauce servieren.

Hähnchenbrust mit Apfelsauce

ZUTATEN FÜR 4 PORTIONEN

Zubereitungszeit:
ca. 20 Minuten

1 Apfel • 700 g aufgetaute Hähnchenbrust (TK-Ware) • Salz, Pfeffer
1 EL Butterschmalz • 200 g Sahne • 2 EL Apfelmus • 100 ml Cidre

ZUBEREITUNG

1 Den Apfel schälen, vierteln, vom Kerngehäuse befreien und würfeln.

2 Die Hähnchenbrüste mit Küchenpapier trockentupfen und mit Salz und Pfeffer würzen. Das Butterschmalz in einer Pfan-

ne erhitzen, das Fleisch darin bei mittlerer Hitze 2 Minuten anbraten und wenden.

3 In der Zwischenzeit die Sahne mit Apfelmus und Cidre verrühren. Die Apfelstücke unterheben und mit Salz und Pfeffer
abschmecken.

4 Die Apfel-Sahne-Mischung zu den Hähnchenbrüsten
gießen und zugedeckt 10 Minuten bei schwacher Hitze
schmoren.

5 Die Hähnchenbrüste mit der Sauce auf Teller verteilen und
sofort servieren.

Hähnchenragout mit Spargel

ZUTATEN FÜR 4 PORTIONEN

250 g Kartoffeln • 1 Glas Spargel • 500 g aufgetaute Hähnchenbrust
(TK-Ware) • 1 kleine Zwiebel • 1 EL Butterschmalz • 150 g Instantbrühe
100 g Sahne • 1 TL Geflügelsaucenpulver • getrocknete Küchenkräuter • Salz, Pfeffer

Zubereitungszeit:
ca. 25 Minuten

ZUBEREITUNG

1 Die Kartoffeln schälen, in kleine Würfel schneiden und in
leicht gesalzenem Wasser in 5 Minuten blanchieren. Abgießen
und abtropfen lassen.

2 In der Zwischenzeit den Spargel abtropfen lassen und in
2 Zentimeter lange Stücke schneiden. Die Hähnchenbrust
klein schneiden. Die Zwiebel abziehen und fein würfeln.

3 Das Butterschmalz in einem Topf erhitzen und die Hähn-
chenstücke darin bei mittlerer Hitze unter Rühren 2 Minuten
anbraten. Die Zwiebel zugeben und 2 Minuten mitgaren.

4 Spargel und Kartoffelwürfel zum Fleisch geben. Mit Brühe
und Sahne aufgießen und aufkochen. Das Saucenpulver einrühren und mit Küchenkräutern, Salz und Pfeffer würzen.

5 Das Hähnchenragout zugedeckt bei schwacher Hitze 10 Minuten schmoren, bis die Kartoffelwürfel weich sind.

Als Variante können
Sie dieses Gericht
auch mit Lachsfilets
zubereiten. Auf das
Geflügelsaucenpul-
ver können Sie dann
verzichten.

Schinkensalat mit Spargel und Erdbeeren

ZUTATEN FÜR 4 PORTIONEN

Zubereitungszeit:
ca. 25 Minuten

500 g frischer Spargel (oder 1 Glas Spargel) • 2 EL Butter • Zucker
Salz, Pfeffer • 250 g Erdbeeren • 250 g gekochter Schinken
100 g Sahne • 2 EL Schmand • 1 TL Zitronensaft • 2 EL Kirschlikör

ZUBEREITUNG

Für dieses Gericht
sollten Sie nur zur
Not Spargel aus dem
Glas verwenden –
also ein ideales Ge-
richt für die Monate
Mai und Juni, wenn
es Spargel und
Erdbeeren frisch zu
kaufen gibt.

1 Den frischen Spargel schälen, die holzigen Enden abschneiden und die Stangen in Wasser mit Butter, etwas Zucker und
Salz 12 Minuten garen. Herausheben, abschrecken, abtropfen
lassen und in 2 Zentimeter große Stücke schneiden. (Den Spargel aus dem Glas abtropfen lassen und in Stücke schneiden.)
2 Die Erdbeeren waschen, putzen und halbieren oder vierteln. Den Schinken in Streifen schneiden.
3 Die Sahne mit Schmand, Zitronensaft und Kirschlikör verrühren und mit Zucker, Salz und Pfeffer würzen. Die Salatzutaten in die Sauce geben und vermischen.

Geschmorte Honigmelone mit krossem Schinken

ZUTATEN FÜR 2 PORTIONEN

Zubereitungszeit:
ca. 10 Minuten

1/2 Honig- oder Zuckermelone • 2 EL Honig • 1 TL Zitronensaft
100 ml Weißwein • 100 g luftgetrockneter italienischer Schinken
oder roher Schinken • 1 TL Essig

ZUBEREITUNG

1 Die Melone von den Kernen befreien, in Schnitze teilen und
das Fruchtfleisch von der Schale schneiden.
2 In einer Pfanne Honig, Zitronensaft und Weißwein erhitzen.
Die Melonenschnitze dazu geben und zugedeckt 5 Minuten
bei schwacher Hitze ziehen lassen.

3 In der Zwischenzeit die Schinkenscheiben in einer beschichteten Pfanne ohne Fettzugabe bei mittlerer Hitze unter einmaligem Wenden 2 Minuten braten.

4 Die Melonenschnitze auf zwei Tellern anrichten und mit der verbliebenen Flüssigkeit übergießen. Den rohen Schinken mit Essig beträufeln und auf den Früchten verteilen.

Lachskroketten mit Kartoffelsauce

ZUTATEN FÜR 4 PORTIONEN

6 Portionen Kartoffelpüreepulver • 475 ml Milch • 400 g Räucherlachs • 1 kleine Zwiebel • 2 Stängel Petersilie • 2 Eigelbe • Salz, Pfeffer • Öl zum Frittieren • 100 g Joghurt • 1 EL Essig • 2 EL Olivenöl • 1 TL Zitronensaft • 2 Knoblauchzehen

Zubereitungszeit: ca. 25 Minuten

ZUBEREITUNG

1 Das Kartoffelpüree nach Packungsanweisung mit 375 Milliliter Milch zubereiten.

2 Den Räucherlachs hacken. Die Zwiebel abziehen und fein reiben. Die Petersilie waschen, trockentupfen, die Blättchen abzupfen und hacken.

3 2/3 des Kartoffelpürees mit Eigelben, Räucherlachs, Zwiebel und Petersilie zu einem Krokettenteig verarbeiten. Mit Salz und Pfeffer würzen.

4 Das Öl auf 180 °C erhitzen. Mit zwei Esslöffeln Kroketten aus dem Kartoffelteig formen und im heißen Öl portionsweise in 4 Minuten goldgelb und knusprig ausbacken. Herausheben und auf Küchenpapier abtropfen lassen.

5 In der Zwischenzeit das restliche Kartoffelpüree mit der verbliebenen Milch, Joghurt, Essig, Olivenöl und Zitronensaft verrühren.

6 Die Knoblauchzehen abziehen, durchpressen und unter die Kartoffelsauce ziehen. Mit Salz und Pfeffer würzen und lauwarm zu den Kroketten reichen.

Bringen Sie etwas Farbe ins Spiel, indem Sie dieses Gericht mit ein wenig frisch gehackter Petersilie und einigen Tomatenwürfeln garnieren.

Internationale und klassische Gerichte

Eine kulinarische Entdeckungsreise von Bagna Cauda

bis Surf'n'Turf und Klassisches für jeden Geschmack.

(Im Bild: türkisches Walnusshuhn, Rezept Seite 89)

Schnelles aus aller Welt

Da es in überall einmal vorkommt, dass es etwas zügiger gehen muss, hat jedes Land auch etwas zur schnellen Küche beizutragen. Sie werden keine Schwierigkeiten haben, passende Zutaten dafür bei ALDI zu finden.

Mit diesen Rezepten ist Ihre Mahlzeit schnell zubereitet, und Sie haben so mehr Zeit, von fernen Ländern zu träumen. Begeben Sie sich auf eine kulinarische Weltreise, oder probieren Sie eines der Rezepte von nationalen und internationalen Klassikern aus, zum Teil in einer neuen Variation und dem ALDI-Sortiment angepasst.

Champignons mit Haselnuss-Käse-Kruste

ZUTATEN FÜR 4 PORTIONEN

Zubereitungszeit: ca. 30 Minuten

600 g große Champignons • 100 g Haselnüsse • 2 Stängel Petersilie
1 Camembert • 200 g Frischkäse • 100 g geriebener Emmentaler
Salz, Pfeffer • 1 EL Pflanzenöl

ZUBEREITUNG

1 Die Champignons putzen und die Stiele herausdrehen. Die Stiele hacken.

Als Variation können Sie anstelle des mild aromatischen Camemberts auch den etwas würzigeren Schafskäse verwenden.

2 Die Haselnüsse fein reiben. Die Petersilie waschen, trockentupfen, die Blättchen abzupfen und hacken. Den Camembert in kleine Würfel schneiden.

3 Frischkäse, gehackte Pilzstiele, Haselnüsse, Petersilie, Camembert und geriebenen Käse vermischen. Mit Salz und Pfeffer würzen.

4 Das Pflanzenöl auf ein Backblech gießen, die Champignons mit der Öffnung nach oben darauf setzen und mit der Käsemasse füllen. Im vorgeheizten Ofen bei 200 °C (Gas Stufe 3–4, Umluft 180 °C) 10 Minuten überbacken.

Koreanischer Eiersalat

ZUTATEN FÜR 4 PORTIONEN

4 Eier • 1/2 Bund Radieschen • 200 g Thunfisch aus der Dose
1 Dose Mandarinen • 2 EL Olivenöl • 1 EL Sherry • 1 EL Zitronensaft
Zucker • Salz, Pfeffer

Zubereitungszeit:
ca. 20 Minuten

ZUBEREITUNG

1 Die Eier hart kochen, abschrecken, pellen und in Scheiben
schneiden. Die Radieschen putzen, waschen und ebenfalls in
Scheiben schneiden. Den Thunfisch und die Mandarinen abtropfen lassen. Den Thunfisch mit einer Gabel zerpflücken.
2 Für die Sauce Olivenöl, Sherry und Zitronensaft verrühren
und mit Zucker, Salz und Pfeffer würzen.
3 Die Salatzutaten in die Sauce geben, vorsichtig verrühren
und sofort servieren.

Frische Mandarinen
haben den Vorteil,
dass sie vitaminrei-
cher und aromati-
scher als Dosen-
früchte sind.

Bagna Cauda

ZUTATEN FÜR 4 PORTIONEN

400 g Sahne • 1 Dose Ölsardinen • 2 Knoblauchzehen • 2 EL Butter
Salz, Pfeffer • 8 Möhren

Zubereitungszeit:
ca. 20 Minuten

ZUBEREITUNG

1 Die Sahne in einer Pfanne aufkochen und 8 Minuten bei
schwacher Hitze eindicken.
2 Die Ölsardinen abspülen und fein hacken. Die Knoblauchzehen abziehen und durchpressen. Die Butter erhitzen und
Sardinen und Knoblauch darin 1 Minute unter Rühren garen.
3 Die eingekochte Sahne zu den Sardinen gießen und verrühren. Mit Salz und Pfeffer würzen.
4 Die Möhren schälen, in dünne Stifte oder Scheiben schneiden und auf vier kleine Teller verteilen. In die Mitte jeweils
1 Esslöffel des Sardinendips geben und servieren.

Fischsalat Kopenhagen

ZUTATEN FÜR 4 PORTIONEN

Zubereitungszeit:
ca. 20 Minuten

1 Bund Schnittlauch • 4 Eier • 100 g geriebener Käse • Salz, Pfeffer
2 EL Butter • 150 g geräucherte Makrelenfilets • 50 g Räucherlachs
50 g gekochter Schinken • 50 g Shrimps in Lake • 100 g Joghurt
2 EL Mayonnaise • 1 TL Senf • 2 EL Milch • 1 EL Zitronensaft • Zucker

ZUBEREITUNG

1 Den Schnittlauch in Röllchen schneiden. Die Eier verschlagen, Schnittlauch und Käse unterheben und salzen.

2 Die Butter erhitzen, die Eimasse zugeben und stocken lassen. Auf eine Platte gleiten und abkühlen lassen.

Dazu können Sie knuspriges Weißbrot und grünen Salat servieren.

3 Die Makrelenfilets in Stücke schneiden, Räucherlachs und Schinken in Streifen schneiden und die Shrimps abtropfen lassen. Die so vorbereiteten Zutaten vermischen.

4 Joghurt, Mayonnaise, Senf, Milch und Zitronensaft miteinander verrühren und mit Zucker, Salz und Pfeffer würzen.

5 Die Fischmischung auf den lauwarmen Eiern verteilen und das Dressing darauf geben.

Frittata mit Tomaten, Salami und Mozzarella

ZUTATEN FÜR 2 PORTIONEN

Zubereitungszeit:
ca. 15 Minuten

1 Zwiebel • 4 Tomaten • 4 Scheiben Ciabatta • 2 EL Olivenöl • 6 Eier
50 g Sahne • Salz, Pfeffer • 1 Kugel Mozzarella • 50 g Salami

ZUBEREITUNG

1 Die Zwiebel abziehen und fein würfeln. Die Tomaten waschen, vom Stielansatz befreien und in Scheiben schneiden. Das Brot in Würfel schneiden.

2 Das Olivenöl in einer Pfanne erhitzen und die Zwiebel darin glasig dünsten. Die Brotwürfel zugeben und mitbraten.

3 Die Eier mit der Sahne verschlagen und mit Salz und Pfeffer würzen. Den Mozzarella in Scheiben schneiden.

4 Die Tomaten- und Salamischeiben in der Pfanne verteilen. Mit den Eiern übergießen und mit den Mozzarellascheiben belegen.

5 Die Frittata zugedeckt im vorgeheizten Ofen bei 180 °C (Gas Stufe 2, Umluft 160 °C) 5 Minuten backen, bis das Ei gestockt und der Käse geschmolzen ist.

Türkisches Walnusshuhn

ZUTATEN FÜR 4 PORTIONEN

4 aufgetaute Hähnchenbrüste (TK-Ware) • Salz, Pfeffer • 2 EL Pflanzenöl • 100 g Walnüsse • 50 g Semmelbrösel • 200 ml Instantgemüsebrühe • 1 Knoblauchzehe • 2 EL Essig • 6 EL Olivenöl • 1 EL edelsüßes Paprikapulver • 1/2 Bund Petersilie

Zubereitungszeit: ca. 20 Minuten

ZUBEREITUNG

1 Die Hähnchenbrüste salzen, pfeffern und im heißen Pflanzenöl bei mittlerer Hitze unter einmaligem Wenden 10 Minuten braten.

2 In der Zwischenzeit die Walnüsse fein hacken, mit den Semmelbröseln vermischen und in die Gemüsebrühe einrühren.

3 Die Knoblauchzehe abziehen und durchpressen. Knoblauch, Essig und 3 Esslöffel Olivenöl zu den Walnüssen geben. Mit Salz und Pfeffer würzen.

4 Die Hähnchenbrüste in Streifen schneiden und unter die Walnusspaste heben.

5 Das restliche Olivenöl mit dem Paprikapulver erhitzen. Die Petersilie waschen, trockentupfen, die Blättchen abzupfen und hacken.

6 Die lauwarmen Hähnchenfleischstreifen auf vier Tellern anrichten, mit dem heißen Olivenöl beträufeln und mit Petersilie bestreut servieren.

Als Beilage schmeckt Reis, und als Getränk passt ein Gläschen trockener Weißwein oder Rotwein.

Tomaten-Zitronen-Suppe

ZUTATEN FÜR 4 PORTIONEN

Zubereitungszeit:
ca. 30 Minuten

1 Zwiebel • 1/4 rote Paprikaschote • 2 EL Olivenöl • 2 EL Rotwein
3 Dosen geschälte Tomaten à 400 g • edelsüßes Paprikapulver
3 EL Zitronensaft • Zucker • Salz, Pfeffer

ZUBEREITUNG

Das Kochen mit Tomaten verspricht nicht nur kulinarische Genüsse, sondern auch gesundheitliche Vorteile. Tomaten haben neueren Untersuchungen zufolge eine Krebs hemmende Wirkung.

1 Die Zwiebel abziehen und fein würfeln. Die Paprikaschote klein schneiden.

2 Das Olivenöl in einem großen Topf erhitzen und das Gemüse darin kurz andünsten. Mit dem Rotwein ablöschen und einreduzieren lassen.

3 Die Tomaten mit Flüssigkeit und 400 Milliliter Wasser hinzufügen und aufkochen. Paprikapulver, Zitronensaft und Zucker einrühren und die Tomaten 15 Minuten bei mittlerer Hitze kochen.

4 Die Suppe mit einem Mixstab pürieren, durch ein Sieb streichen und mit Salz und Pfeffer abschmecken.

Hähnchenbrust in Parmesan-Ei-Hülle mit Tomatenspaghetti

ZUTATEN FÜR 4 PORTIONEN

Zubereitungszeit:
ca. 30 Minuten

400 g Spaghetti • 600 g aufgetaute Hähnchenbrust (TK-Ware) • Salz, Pfeffer • 4 Eier • 100 g geriebener Parmesan • edelsüßes Paprikapulver • 4 EL Butterschmalz • 2 EL Mehl • 250 g passierte Tomaten
2 EL Rotwein • 1 EL Butter • Zucker

ZUBEREITUNG

1 Die Spaghetti in reichlich Salzwasser in 10 bis 12 Minuten al dente kochen. Abgießen und abtropfen lassen.

2 Die Hähnchenbrüste mit Küchenpapier trockentupfen und mit Salz und Pfeffer würzen.

3 Die Eier verschlagen und den Parmesan unterheben. Mit Paprikapulver, Salz und Pfeffer abschmecken.

4 Den Backofen auf 200 °C (Gas Stufe 3–4, Umluft 180 °C) vorheizen. Das Butterschmalz in einer Pfanne erhitzen. Die Hähnchenbrüste in Mehl wenden, durch die Ei-Parmesan-Masse ziehen, in die Pfanne geben und 2 Minuten bei mittlerer Hitze anbraten. Vorsichtig mit einer Palette wenden und im heißen Ofen weitere 10 Minuten garen.

5 In der Zwischenzeit die passierten Tomaten erhitzen und Rotwein und Butter einrühren. Mit Zucker, Salz und Pfeffer würzen. Die Spaghetti hineingeben und in der Sauce wenden.

6 Die Spaghetti auf vier Teller verteilen und die Hähnchenbrüste darauf setzen.

Mexikanische Maissuppe

ZUTATEN FÜR 4 PORTIONEN

1 Zwiebel • 1 Knoblauchzehe • 1 EL Butterschmalz • 1 Dose Tomaten
2 Dosen Mais • 600 ml Instantgemüsebrühe • 200 g Sahne
Salz, Pfeffer • 4 Stängel Petersilie

Zubereitungszeit:
ca. 20 Minuten

ZUBEREITUNG

1 Zwiebel und Knoblauchzehe abziehen und in feine Würfel schneiden.

2 Das Butterschmalz in einem Topf erhitzen und Zwiebel und Knoblauch darin glasig dünsten. Die Tomaten samt Flüssigkeit zugeben und aufkochen.

3 Den Mais abtropfen lassen. 1 Dose zu den Tomaten geben, mit der Gemüsebrühe aufgießen und aufkochen. Mit einem Mixstab pürieren.

4 Die zweite Dose Mais und die Sahne zugeben, nochmals aufkochen und mit Salz und Pfeffer würzen.

5 Die Petersilie waschen, trockentupfen, die Blättchen abzupfen und hacken. Vor dem Servieren unter die Suppe heben.

Wenn Sie die Suppe etwas feuriger genießen möchten, dann geben Sie etwas Chilipulver oder Cayennepfeffer dazu.

Italienische Käsesuppe

ZUTATEN FÜR 4 PORTIONEN

Zubereitungszeit:
ca. 20 Minuten

500 ml Instantbrühe • 250 ml Milch • 250 g Sahne • 2 cl Sherry
Salz, Pfeffer • 200 g Schmelzkäse • 2 EL Essig • 4 Eier • 50 g Parmesan

ZUBEREITUNG

Lassen Sie die Eier
vorsichtig in das
Wasser gleiten, ohne
das Eigelb zu verlet-
zen. Die Eier sind fer-
tig, wenn das Eigelb
eine wachsartige
Konsistenz hat.

1 Die Brühe mit Milch und Sahne erhitzen und mit Sherry,
Salz und Pfeffer abschmecken. Den Schmelzkäse in kleinen
Stücken zugeben und auflösen.

2 1 Liter Wasser erhitzen, Essig zugeben. Eier einzeln in eine
Schöpfkelle aufschlagen und in das Essigwasser gleiten
lassen. Bei schwacher Hitze 6 bis 8 Minuten pochieren.

3 Die Käsesuppe in vier Tassen füllen, jeweils 1 Ei hineingeben
und mit geriebenem Parmesan bestreut servieren.

Gemüseragout mit Eiern im Reisring

ZUTATEN FÜR 4 PORTIONEN

Zubereitungszeit:
ca. 20 Minuten

200 g Reis • 8 Eier • 30 g Cashewkerne • 2 EL Butter • 1 Packung aufgetauter Rahmspinat (TK-Ware) • 1 Dose Erbsen und Möhren
100 ml Weißwein • 2 EL Schmand • Zucker • Salz, Pfeffer

ZUBEREITUNG

1 Den Reis in der doppelten Menge leicht gesalzenem Wasser
in 18 Minuten weich kochen.

2 In der Zwischenzeit die Eier 8 Minuten kochen, abschrecken
und pellen. Die Cashewkerne hacken.

3 Die Butter in einem Topf zerlassen. Spinat, Erbsen und
Möhren zugeben und erhitzen. Weißwein und Schmand einrühren und mit Zucker, Salz und Pfeffer würzen.

4 Auf einer Platte aus dem Reis einen Ring formen. Das
Gemüse hineinfüllen, die Eier halbieren und darauf setzen.
Mit den gehackten Cashewkernen bestreut servieren.

Indonesische Hackfleischpfanne

ZUTATEN FÜR 4 PORTIONEN

1 Zwiebel • 75 g Cashewkerne • 2 EL Pflanzenöl • 1 Packung aufgetautes Hackfleisch halb/halb (TK-Ware) • 50 ml Weißwein
100 ml Instantbrühe • 50 g Sultaninen • Salz, Pfeffer
1 Dose Mandarinen • 250 g Joghurt

Zubereitungszeit:
ca. 25 Minuten

ZUBEREITUNG

1 Die Zwiebel abziehen und fein würfeln. Die Casewkerne
grob hacken.

2 Das Pflanzenöl in einer Pfanne erhitzen und das Hackfleisch
bei mittlerer Hitze unter Rühren in 8 Minuten anbraten. Dabei
das Fleisch mit einem Kochlöffel zerkrümeln. Die Zwiebelwürfel zugeben und 2 Minuten mitbraten.

3 Mit Weißwein und Brühe ablöschen. Sultaninen und Cashewkerne hinzufügen und mit Salz und Pfeffer würzen. Zugedeckt bei schwacher Hitze 5 Minuten schmoren.

4 Die Mandarinen abtropfen lassen. Das Hackfleisch vom
Herd nehmen, Joghurt zugeben und verrühren und die
Mandarinen unterheben. Sofort servieren.

*Für knapp 5 DM ein
Essen wie im asiati-
schen Restaurant:
indonesische Hack-
fleischpfanne. Wenn
Sie es gerne scharf
mögen, braten Sie mit
dem Hackfleisch eine
klein geschnittene
Chilischote an.*

Bananen-Hackfleisch-Reis

ZUTATEN FÜR 4 PORTIONEN

Zubereitungszeit:
ca. 25 Minuten

250 g Reis • 1 Zwiebel • 2 EL Pflanzenöl • 1 Packung aufgetautes Hackfleisch halb/halb (TK-Ware) • 250 g passierte Tomaten • 100 ml Instantbrühe • edelsüßes Paprikapulver • Salz, Pfeffer • 2 Bananen

ZUBEREITUNG

1 Den Reis in der doppelten Menge leicht gesalzenen Wassers in 18 Minuten weich kochen.

Aufgetautes Hackfleisch ist leicht verderblich und sollte immer sofort verarbeitet werden. Bereits gegartes Hackfleisch können Sie im Kühlschrank einen Tag aufbewahren.

2 In der Zwischenzeit die Zwiebel abziehen und fein würfeln. Das Pflanzenöl in einem Topf erhitzen und die Zwiebel darin glasig dünsten.

3 Das Hackfleisch zugeben und bei mittlerer Hitze unter Rühren in 6 Minuten anbraten. Dabei das Fleisch mit einem Kochlöffel zerkrümeln.

4 Die passierten Tomaten und die Brühe zum Fleisch geben, aufkochen und mit Paprikapulver, Salz und Pfeffer würzen.

5 Die Bananen schälen, in Scheiben schneiden und mit dem fertig gegarten Reis zum Hackfleisch geben. Gut verrühren und den Bananen-Hackfleisch-Reis zugedeckt bei schwacher Hitze 5 Minuten schmoren.

Surf 'n' Turf

ZUTATEN FÜR 4 PORTIONEN

Zubereitungszeit:
ca. 20 Minuten

1 kleine Zwiebel • 1 Knoblauchzehe • 30 g Butter • 1 EL Mehl
250 g Milch • Salz, Pfeffer • 2 EL Sahne • 1 EL Zitronensaft • 2 TL mittelscharfer Senf • 4 EL Pflanzenöl • 1 Packung aufgetaute Rindersteaks (TK-Ware) • 1 Packung aufgetaute Riesengarnelen (TK-Ware)

ZUBEREITUNG

1 Die Zwiebel abziehen und fein würfeln. Die Knoblauchzehe abziehen und durchpressen.

2 Die Butter in einem kleinen Topf erhitzen und Zwiebel und
Knoblauch darin andünsten. Das Mehl einrühren und mit
Milch aufgießen. Unter Rühren aufkochen und 5 Minuten bei
schwacher Hitze ziehen lassen. Mit Salz und Pfeffer würzen.
3 Die Sauce vom Herd nehmen und Sahne, Zitronensaft und
Senf einrühren.
4 Das Pflanzenöl in zwei Pfannen erhitzen. In der einen die
Steaks braten und in der anderen die Riesengarnelen. Mit Salz
und Pfeffer würzen.
5 Die Steaks auf Teller verteilen, die Riesengarnelen darauf
legen und mit der Sauce überziehen.

Lammsteaks auf geschmorten Tomaten

ZUTATEN FÜR 4 PORTIONEN

8 Tomaten • 2 Stängel Petersilie • Salz, Pfeffer • 4 EL Olivenöl
1 EL Zitronensaft • 2 Packungen aufgetaute Lammsteaks (TK-Ware)
2 EL Pflanzenöl • 1 EL Kräuterbutter

Zubereitungszeit:
ca. 25 Minuten

ZUBEREITUNG

1 Die Tomaten waschen, vom Stielansatz befreien, in Scheiben schneiden und in eine Auflaufform legen.
2 Die Petersilie waschen, trockentupfen, die Blättchen abzupfen und hacken.
3 Die Tomatenscheiben mit der Petersilie, Salz und Pfeffer
bestreuen und mit Olivenöl und Zitronensaft beträufeln. Im
vorgeheizten Backofen bei 180 °C (Gas Stufe 2, Umluft 160 °C)
10 Minuten schmoren.
4 In der Zwischenzeit die Lammsteaks in heißem Pflanzenöl
bei mittlerer Hitze 8 bis 10 Minuten braten. Nach Hälfte der
Garzeit wenden. Zum Schluss die Kräuterbutter zugeben, zerlassen und die Steaks nochmals wenden.
5 Die Tomatenscheiben auf vier Teller verteilen und die
Steaks darauf anrichten.

Als Beilage können
Sie Reis oder frische,
knackige Blattsalate
servieren.

Schweinefiletgeschnetzeltes in Essig-Senf-Sauce

ZUTATEN FÜR 4 PORTIONEN

Zubereitungszeit: ca. 25 Minuten

2 Packungen aufgetaute Schweinefiletmedaillons (TK-Ware)

1 Zwiebel • 1 Knoblauchzehe • 2 Stängel Salbei • 2 EL Olivenöl • 2 EL Essig • 2 EL Weißwein • 150 g Sahne • 2 TL Senf • Salz, Pfeffer

ZUBEREITUNG

1 Das Schweinefleisch mit Küchenpapier trockentupfen und in Streifen schneiden.

Damit die Sauce nicht zu scharf wird, verwenden Sie am besten mittelscharfen Senf.

2 Zwiebel und Knoblauchzehe abziehen und fein würfeln. Die Salbeiblätter abzupfen und in Streifen schneiden.

3 Das Öl in einer Pfanne erhitzen und die Fleischstreifen 2 Minuten anbraten. Zwiebel, Knoblauch und Salbei zugeben und weitere 2 Minuten mitgaren.

4 Das Fleisch mit Essig und Weißwein ablöschen und die Flüssigkeit einkochen. Die Sahne angießen und aufkochen. Den Senf einrühren und mit Salz und Pfeffer abschmecken.

Schweinefiletmedaillons in Schafskäsesauce

ZUTATEN FÜR 4 PORTIONEN

Zubereitungszeit: ca. 20 Minuten

2 Packungen aufgetaute Schweinefiletmedaillons (TK-Ware) • Salz, Pfeffer • 2 EL Olivenöl • 100 ml Weißwein • 250 g Sahne • 100 g Feta getrocknete Küchenkräuter • 1 EL Zitronensaft

ZUBEREITUNG

1 Die Schweinefiletmedaillons mit Küchenpapier trockentupfen und mit Salz und Pfeffer würzen.

2 Das Olivenöl in einer Pfanne erhitzen und das Schweinefilet darin bei mittlerer Hitze 8 bis 10 Minuten braten. Nach der Hälfte der Garzeit wenden.

3 Das Fleisch herausnehmen und warm halten. Den Bratansatz mit dem Weißwein ablöschen und einkochen. Die Sahne zugeben und aufkochen.

4 Den Feta zerbröseln, in die Sauce einrühren und auflösen. Mit Salz, Pfeffer und Küchenkräutern würzen. Die Sauce vom Herd nehmen und den Zitronensaft unterrühren.

5 Die Schweinefiletmedaillons auf Tellern anrichten, mit der Sauce übergießen und servieren.

Rotbarsch mit Gurkengemüse

ZUTATEN FÜR 4 PORTIONEN

1 Gurke • 1 kleine Zwiebel • 600 g aufgetaute Rotbarschfilets (TK-Ware) • Salz, Pfeffer • 2 EL Butter • 50 ml Weißwein • 50 ml Instantgemüsebrühe • 1 EL Zitronensaft • 100 g Sahne • 1 TL Senf 1/2 Bund Schnittlauch

Zubereitungszeit: ca. 25 Minuten

ZUBEREITUNG

1 Die Gurke schälen, längs halbieren, von den Kernen befreien und in Scheiben schneiden. Die Zwiebel abziehen und fein würfeln.

2 Die Rotbarschfilets mit Küchenpapier trockentupfen und mit Salz und Pfeffer würzen.

3 Die Butter erhitzen und die Rotbarschfilets darin anbraten. Gurke und Zwiebel zugeben und kurz mitbraten. Mit Weißwein, Brühe und Zitronensaft aufgießen und zugedeckt bei schwacher Hitze 6 Minuten dünsten.

4 Den Fisch herausnehmen und warm halten. Die Sahne zugießen und etwas einkochen. Den Senf einrühren. Mit Salz und Pfeffer abschmecken.

5 Den Schnittlauch in Röllchen schneiden und unter das Gurkengemüse heben.

6 Die Rotbarschfilets mit dem Gurkengemüse anrichten und sofort servieren.

Anstelle des Schnittlauchs können Sie auch frisch gehackten Dill verwenden. Das verleiht dem Gericht ein ganz besonderes Aroma.

Züricher Hähnchengeschnetzeltes

ZUTATEN FÜR 4 PORTIONEN

Zubereitungszeit:
ca. 25 Minuten

600 g aufgetaute Hähnchenbrust (TK-Ware) • 200 g Champignons
1 Zwiebel • 2 EL Butterschmalz • 100 ml Instantbrühe
2 EL Weißwein • 100 g Sahne • Salz, Pfeffer • 2 Stängel Petersilie
edelsüßes Paprikapulver

ZUBEREITUNG

1 Das Hähnchenfleisch mit Küchenpapier trockentupfen und
in Streifen schneiden.

2 Die Champignons putzen und blättrig schneiden. Die Zwiebel abziehen und würfeln.

Sollten Sie keine fri-
schen Champignons
vorrätig haben, kön-
nen Sie auch Cham-
pignons aus dem
Glas verwenden.

3 Das Butterschmalz in einer Pfanne erhitzen und die Fleischstreifen darin unter Rühren 4 Minuten anbraten. Herausnehmen und beiseite stellen.

4 Champignons und Zwiebel in die Pfanne geben und garen,
bis die Zwiebel glasig ist. Mit Brühe, Weißwein und Sahne aufgießen und auf die Hälfte der Flüssigkeit einkochen.

5 Das Fleisch zu den Champignons geben und wieder erhitzen. Mit Salz und Pfeffer würzen.

6 Die Petersilie waschen, trockentupfen und hacken. Das Ge-
schnetzelte mit Petersilie und Paprika bestreut servieren.

Rindersteaks mit Peperonata

ZUTATEN FÜR 4 PORTIONEN

Zubereitungszeit:
ca. 20 Minuten

je 1 rote, grüne und gelbe Paprikaschote • 1 Zwiebel • 2 EL Olivenöl
300 g passierte Tomaten • 1 EL Essig • Salz, Pfeffer • 2 Packungen aufgetaute Rindersteaks (TK-Ware) • 2 EL Pflanzenöl

ZUBEREITUNG

1 Die Paprikaschoten waschen, halbieren, von Stielansatz,
weißen Zwischenwänden und Kernen befreien und in Streifen

schneiden. Die Zwiebel abziehen, halbieren und ebenfalls in
Streifen schneiden.

2 Das Olivenöl erhitzen und Paprika und Zwiebel darin bei
mittlerer Hitze 5 Minuten anbraten. Ab und zu umrühren.

3 Die passierten Tomaten zugeben und mit Essig, Salz und
Pfeffer würzen. Zugedeckt weitere 5 Minuten bei schwacher
Hitze schmoren.

4 In der Zwischenzeit die Steaks mit Küchenpapier trockentupfen und mit Salz und Pfeffer würzen.

5 Das Pflanzenöl in einer Pfanne erhitzen und die Steaks bei
starker Hitze auf jeder Seite 1 Minute anbraten. Die Temperatur auf mittlere Hitze reduzieren und auf jeder Seite weitere
3 Minuten (für medium) bzw. 4 Minuten (für durch) braten.

6 Die Steaks auf vier Teller geben, die Peperonata darauf verteilen und sofort servieren.

Ganz abgesehen
vom unterschiedli-
chen Geschmack der
verschiedenfarbigen
Paprikaschoten,
freut sich auch das
Auge beim Anblick
des bunten Paprika-
gemüses.

Rindersteak Strindberg

ZUTATEN FÜR 4 PORTIONEN

1 Zwiebel • 4 EL Senf • 2 Packungen aufgetaute Rindersteaks
(TK-Ware) • Salz, Pfeffer • 2 EL Mehl • 2 EL Pflanzenöl

Zubereitungszeit:
ca. 20 Minuten

ZUBEREITUNG

1 Die Zwiebel abziehen und fein würfeln. Die Zwiebelwürfel
mit dem Senf verrühren.

2 Die Rindersteaks mit Küchenpapier trockentupfen und
mit Salz und Pfeffer würzen. Einseitig mit der Senf-Zwiebel-
Mischung bestreichen und mit Mehl bestäuben.

3 Den Backofen auf 200 °C (Gas Stufe 3–4, Umluft 180 °C) vorheizen. Das Pflanzenöl in einer Pfanne erhitzen und die Steaks
auf der bestrichenen Seite bei starker Hitze 2 Minuten anbraten. Vorsichtig wenden und nochmals 2 Minuten braten.

4 Das Fleisch in den heißen Ofen geben und in 6 Minuten (für
medium) bzw. 8 Minuten (für durch) fertig braten.

Snacks und schnelle Gerichte bis zehn Minuten

Wenn überraschend Gäste kommen, oder wenn Sie es ganz besonders eilig haben. (Im Bild: Frühlingssalat mit Radieschen, Rezept Seite 102)

Garzeit, nein danke

Es gibt Tage, da hat man nicht nur wenig Zeit, um eine Mahlzeit zuzubereiten, sondern genau genommen gar keine. Oder man hat einfach nicht die Lust, viel Aufwand für das Essen zu betreiben. Dennoch will man sich auch in solchen Situationen nicht immer mit Fertigprodukten oder einem belegten Brot begnügen. Für diese Fälle bietet das folgende Kapitel eine Auswahl an kleinen und großen Gerichten, die sich alle in ca. zehn Minuten zubereiten lassen.

ALDI bietet auch eine Vielzahl an Fertig- und Halbfertigprodukten an, die als Ausgangspunkt für ein Gericht eine beachtliche Zeitersparnis mit sich bringen. Aber auch mit Standardprodukten lassen sich oft ohne großen Zeit- und Arbeitsaufwand vorzügliche Mahlzeiten zubereiten.

Schnell zubereitet und vitaminreich: Ob als Beilage, Vorspeise oder kleine Mahlzeit, Salate sind aus der schnellen Küche nicht wegzudenken.

Frühlingssalat mit Radieschen

ZUTATEN FÜR 2 PORTIONEN

1 Bund Radieschen • 1 Gurke • 1 Kopf Blattsalat • 1 Bund Petersilie
2 EL Essig • 1 TL Zucker • Salz, Pfeffer • 1 TL mittelscharfer Senf
2 EL Schmand • 2 EL Öl • 1 Bund Schnittlauch

Zubereitungszeit: ca. 10 Minuten

ZUBEREITUNG

1 Die Radieschen putzen, waschen und in Scheiben schneiden. Die Gurke schälen, längs halbieren und ebenfalls in Scheiben schneiden.

2 Den Salat waschen, trockenschleudern und in Streifen schneiden. Die Petersilie waschen, trockentupfen und die Blättchen abzupfen. Die Salatzutaten in eine Schüssel geben.

3 Für die Salatsauce Essig mit Zucker, Salz und Pfeffer verrühren. Senf, Schmand und Öl zugeben und vermischen.

4 Die Sauce unter den Salat heben. Den Schnittlauch in Röllchen schneiden und darüber streuen.

Bohnen-Mais-Salat

ZUTATEN FÜR 4 PORTIONEN

1 grüne Paprikaschote • 1 Dose Kidneybohnen • 1 Dose Maiskörner
1 kleine Zwiebel • 2 EL Essig • 2 EL Rotwein • 4 EL Olivenöl • Salz,
Pfeffer • edelsüßes Paprikapulver

Zubereitungszeit:
ca. 10 Minuten

ZUBEREITUNG

1 Den Paprika waschen, halbieren, von Stielansatz, weißen
Zwischenwänden und Kernen befreien und würfeln.
2 Bohnen und Mais abtropfen lassen und mit den Paprika-
würfeln vermischen.
3 Die Zwiebel abziehen und fein würfeln. Essig und Rotwein
mit dem Öl verrühren, mit Salz, Pfeffer und Paprikapulver
würzen, die Zwiebelwürfel zugeben und die Sauce unter
die Salatzutaten heben.

Neben vielen ande-
ren Nährstoffen ent-
hält Paprika beson-
ders viel Vitamin C.

Paprikasalat mit Kebab

ZUTATEN FÜR 4 PORTIONEN

6 EL Olivenöl • 1 Packung aufgetauter Kebab (TK-Ware) • 2 EL Rotwein
je 1 rote, grüne und gelbe Paprikaschote • 1 Zwiebel • 2 EL Essig
Salz, Pfeffer

Zubereitungszeit:
ca. 10 Minuten

ZUBEREITUNG

1 2 Esslöffel Olivenöl erhitzen, die Kebabstücke darin unter
Rühren 2 Minuten braten und mit Rotwein ablöschen.
2 Die Paprika waschen, halbieren, von Stielansatz, weißen
Zwischenwänden und Kernen befreien und in Streifen schneiden. Die Zwiebel abziehen und in Ringe schneiden. Paprika
und Zwiebel vermischen.
3 Das restliche Öl mit dem Essig verrühren, mit Salz und
Pfeffer würzen. Die Sauce unter den Paprikasalat heben und
die Kebabstücke noch warm mit dem Bratöl dazugeben.

Krautgnocchi mit Speck

ZUTATEN FÜR 4 PORTIONEN

Zubereitungszeit:
ca. 10 Minuten

500 g Gnocchi • 150 g gewürfelter Bauchspeck • 1 EL Butterschmalz
200 g Sauerkraut • Salz, Pfeffer

ZUBEREITUNG

Anstatt der übli-
chen Schupfnudeln
werden Gnocchi
verwendet. Beides
wird aus einer
Kartoffelmasse
hergestellt.

1 Die Gnocchi in leicht gesalzenem Wasser in 2 Minuten gar
kochen. Abgießen und abtropfen lassen.
2 Den Speck in einer Pfanne auslassen. Das Butterschmalz zugeben und zerlassen. Das Kraut hinzufügen und kurz braten.
Mit 100 Milliliter Wasser aufgießen und aufkochen.
3 Die Gnocchi zum Kraut geben und unter Rühren 4 Minuten
garen. Mit Salz und Pfeffer abschmecken.

Calamari mit Aioli

ZUTATEN FÜR 2 PORTIONEN

Zubereitungszeit:
ca. 8 Minuten

Öl zum Frittieren • 1 Packung Calamariringe (TK-Ware) • 3 große
Knoblauchzehen • 1/2 TL Salz • 2 Eigelbe • 250 ml Olivenöl • 1 TL Zitronensaft • 1 Zitrone

ZUBEREITUNG

1 Das Öl auf 180 °C erhitzen und die Calamariringe darin
5 Minuten frittieren. Herausheben und auf Küchenpapier
abtropfen lassen.
2 Die Knoblauchzehen abziehen und grob hacken. Den Knoblauch mit dem Salz in einem Mörser zu einer Paste zerreiben.
3 Eigelbe und Knoblauchpaste mit einem Schneebesen oder
den Quirlen des Handrührgeräts verschlagen. Das Olivenöl zuerst tropfenweise, dann in einem dünnen Strahl unter ständigem Rühren einarbeiten. Mit Zitronensaft würzen.
4 Die Zitrone in Spalten schneiden. Die Calamariringe mit
Aioli zum Dippen und Zitronenspalten servieren.

Heringsfilets Hausfrauenart

ZUTATEN FÜR 4 PORTIONEN

1 Apfel • 2 Gewürzgurken • 1 Zwiebel • 150 g Joghurt • 150 g Schmand
2 EL Zitronensaft • 1 EL Zucker • Salz, Pfeffer • 8 Sahneheringsfilets
1/2 Bund Schnittlauch

Zubereitungszeit:
ca. 10 Minuten

ZUBEREITUNG

1 Den Apfel schälen, vierteln, vom Kerngehäuse befreien und
in Scheiben schneiden. Die Gewürzgurken ebenfalls in Scheiben schneiden. Die Zwiebel abziehen und in dünne Ringe
schneiden.
2 Joghurt und Schmand verrühren. Mit Zitronensaft, Zucker,
Salz und Pfeffer abschmecken. Apfel, Gurke und Zwiebelringe
unterheben.
3 Jeweils 2 Heringsfilets auf einem Teller anrichten und halb
mit der Joghurtcreme bedecken. Den Schnittlauch in Röllchen
schneiden und darüber streuen.

Die klassische Beilage zu den Heringsfilets sind Salzkartoffeln. In der schnellen Küche tut es aber auch knuspriges Weißbrot oder kräftiges dunkles Brot.

Geräucherte Putenbrust mit Möhrenvinaigrette

ZUTATEN FÜR 4 PORTIONEN

2 Möhren • 150 ml Instantfleischbrühe • 2 EL Essig • 1 EL Sherry
4 EL Distelöl • Zucker • Salz, Pfeffer • 400 g geräucherte Putenbrust

Zubereitungszeit:
ca. 10 Minuten

ZUBEREITUNG

1 Die Möhren schälen und raspeln. Die Brühe erhitzen und
die Möhrenraspeln darin 2 Minuten blanchieren.
2 Essig, Sherry und Distelöl in die Brühe mit den Möhren einrühren und mit Zucker, Salz und Pfeffer würzen.
3 Die geräucherte Putenbrust in 5 Millimeter dicke Scheiben
schneiden und auf Teller verteilen. Mit der Möhrenvinaigrette
übergießen und servieren.

Lachs mit Zitronen-Petersilien-Butter

ZUTATEN FÜR 4 PORTIONEN

Zubereitungszeit:
ca. 10 Minuten

600 g aufgetautes Lachsfilet (TK-Ware) • Salz, Pfeffer • 2 EL Pflanzenöl • 4 Stängel Petersilie • 125 g Butter • 2 EL Weißwein
4 EL Zitronensaft

ZUBEREITUNG

1 Die Lachsfilets mit Küchenpapier trockentupfen. Mit Salz
und Pfeffer würzen.

2 Das Pflanzenöl erhitzen und den Fisch darin 10 Minuten
braten. Nach Hälfte der Garzeit wenden.

3 In der Zwischenzeit die Petersilie waschen, trockentupfen,
die Blättchen abzupfen und hacken.

4 Die Butter zerlassen, aber nicht braun werden lassen.
Weißwein und Zitronensaft zugeben und mit Salz und Pfeffer
würzen. Die gehackte Petersilie unterrühren.

5 Die Lachsfilets auf Teller verteilen und mit der Zitronen-
Petersilien-Butter übergießen.

*Der Lachs ist ein dank-
barer Fisch für schnel-
le Gerichte: Er ist mit
unzähligen Zutaten zu
kombinieren und
tiefgefroren leicht
zu bevorraten. Und
bei ALDI ist er zudem
erschwinglich.*

Garnelen im Schinkenmantel

ZUTATEN FÜR 2 PORTIONEN

100 g Lachsschinken • 1 Packung aufgetaute Riesengarnelen
(TK-Ware) • 1 TL Zitronensaft • Salz, Pfeffer • 2 EL Olivenöl

**Zubereitungszeit:
ca. 10 Minuten**

ZUBEREITUNG

1 Den Backofen auf 220 °C (Gas Stufe 4–5, Umluft 200 °C) vorheizen. Die Lachsschinkenscheiben halbieren.

2 Die Riesengarnelen mit Zitronensaft beträufeln und mit
Salz und Pfeffer würzen. Jede Garnele in 1 Stück Lachsschinken
wickeln.

3 Ein Backblech mit Backpapier auslegen und die Garnelen
darauf verteilen. Mit Olivenöl bestreichen und 6 Minuten im
heißen Ofen backen.

**Garnelen dürfen
nicht zu lange ge-
backen oder gebra-
ten werden, sonst
werden sie trocken
und verlieren ihren
Geschmack.**

Gebratene Maultaschen mit Ei

ZUTATEN FÜR 2 PORTIONEN

1 kleine Zwiebel • 2 Packungen Maultaschen • 2 EL Butterschmalz
4 Eier • Salz, Pfeffer • 2 Stängel Petersilie

**Zubereitungszeit:
ca. 10 Minuten**

ZUBEREITUNG

1 Die Zwiebel abziehen, halbieren und in Streifen schneiden.
Die Maultaschen in Scheiben schneiden.

2 Das Butterschmalz in einer großen Pfanne erhitzen und die
Maultaschen darin bei mittlerer Hitze unter mehrmaligem
Wenden 5 Minuten anbraten. Die Zwiebel zugeben und kurz
mitbraten.

3 Die Eier verschlagen, mit Salz und Pfeffer würzen, über die
Maultaschen geben und unter Rühren stocken lassen.

4 Die Petersilie waschen, trockentupfen, die Blättchen abzupfen und hacken. Kurz vor dem Servieren unter die Maultaschen heben.

Tomatensalat mit italienischem Schinken und Salami

ZUTATEN FÜR 4 PORTIONEN

Zubereitungszeit:
ca. 10 Minuten

8 Tomaten • 1 kleine Zwiebel • 2 Stängel Basilikum • 4 EL Olivenöl
2 EL Essig • Salz, Pfeffer • 100 g luftgetrockneter italienischer
Schinken • 100 g Salami • 80 g Parmesan • 1 Packung Croûtons

ZUBEREITUNG

1 Die Tomaten waschen, vom Stielansatz befreien, in Scheiben schneiden und auf einer Platte auslegen.

2 Die Zwiebel abziehen, fein würfeln und über die Tomaten streuen. Die Basilikumblätter etwas zerzupfen und auf den Tomatenscheiben verteilen.

Sie können den Parmesan auch mit einem Käsehobel in dünne Scheiben schneiden und auf den Salat legen.

3 Die Tomaten mit Olivenöl und Essig beträufeln und mit Salz und Pfeffer würzen.

4 Die Schinken- und Salamischeiben dekorativ auf dem Salat anrichten. Den Parmesan grob darüber raspeln und den Salat mit den Croûtons bestreut servieren.

Rindersteaks mit Kräuterbutter und Grilltomate

ZUTATEN FÜR 4 PORTIONEN

Zubereitungszeit:
ca. 10 Minuten

4 Tomaten • Salz, Pfeffer • 50 g geriebener Emmentaler • 2 EL Butter
2 EL Pflanzenöl • 2 Packungen aufgetaute Rindersteaks (TK-Ware)
80 g Kräuterbutter

ZUBEREITUNG

1 Die Tomaten waschen, auf der Unterseite kreuzweise bis zur halben Höhe einschneiden und die Ecken auseinanderziehen. In die entstandenen Öffnungen Salz und Pfeffer streuen, den geriebenen Käse hineinfüllen und die Tomaten mit Butterflöckchen belegen.

2 Die Tomaten in eine Auflaufform geben und im vorgeheizten Backofen bei 200 °C (Gas Stufe 3–4, Umluft 180 °C) 8 Minuten backen.

3 In der Zwischenzeit das Pflanzenöl in einer Pfanne heiß werden lassen. Die Rindersteaks mit Salz und Pfeffer würzen und bei starker Hitze auf jeder Seite 1 Minute anbraten. Die Temperatur auf mittlere Hitze reduzieren und das Fleisch auf jeder Seite weitere 3 Minuten (für medium) bzw. 4 Minuten (für durch) braten.

4 Die Steaks auf Teller verteilen, Kräuterbutterflöckchen auf das Fleisch setzen und zerlaufen lassen. Mit den Grilltomaten servieren.

Als Zeit sparende Variante können Sie die Tomaten quer halbieren, salzen, pfeffern und mit Olivenöl und etwas Balsamicoessig beträufelt grillen.

Gnocchi mit Salbeibutter

ZUTATEN FÜR 4 PORTIONEN
1 Zwiebel • 4 Stängel Salbei • 500 g Gnocchi • 1 EL Olivenöl
150 g Butter • 4 EL Weißwein • Salz, Pfeffer

Zubereitungszeit: ca. 10 Minuten

ZUBEREITUNG

1 Die Zwiebel abziehen und in feine Würfel schneiden. Den Salbei waschen, trockentupfen, die Blättchen abzupfen und in Streifen schneiden.

2 Die Gnocchi in leicht gesalzenem Wasser in 2 Minuten gar kochen. Abgießen und abtropfen lassen.

3 In der Zwischenzeit das Olivenöl in einer großen Pfanne erhitzen und die Zwiebelwürfel darin glasig dünsten. Den Salbei zugeben und kurz mitbraten.

4 Die Butter zugeben und zerlassen, aber nicht braun werden lassen. Mit dem Weißwein ablöschen und mit Salz und Pfeffer würzen.

5 Die Gnocchi in die Buttersauce geben und darin wenden, bis sie von allen Seiten mit der Salbeibutter überzogen sind. Sofort servieren.

Forellenomelett

ZUTATEN FÜR 2 PORTIONEN

Zubereitungszeit: 4 Eier • 4 EL Sahne • Salz, Pfeffer • 2 geräucherte Forellenfilets
ca. 10 Minuten 2 EL Butterschmalz • 60 g geriebener Parmesan

ZUBEREITUNG

1 Eier und Sahne verrühren und mit Salz und Pfeffer würzen. Die Forellenfilets in Streifen schneiden.

2 Das Butterschmalz in einer Pfanne erhitzen, die Forellenstreifen darin verteilen und die Eimischung hineingießen.

3 Das Ei mit Parmesan bestreuen und zugedeckt bei schwacher Hitze in 5 Minuten stocken lassen.

Panierte Rotbarschfilets

ZUTATEN FÜR 4 PORTIONEN

Zubereitungszeit: 600 g aufgetaute Rotbarschfilets (TK-Ware) • Salz, Pfeffer • 2 Eier
ca. 10 Minuten 50 g Mehl • 100 g Semmelbrösel • 4 EL Pflanzenöl • 4 Portionen Kartoffelpüreepulver • 250 ml Milch • 1 Zitrone • 80 g Remouladensauce

ZUBEREITUNG

1 Die Rotbarschfilets mit Küchenpapier trockentupfen und mit Salz und Pfeffer würzen.

2 Die Eier verschlagen. Die Rotbarschfilets erst in Mehl, dann in Ei und abschließend in den Semmelbröseln wenden.

Dazu schmeckt **3** Das Öl in einer großen Pfanne erhitzen und die Fischfilets
ein knuspriges darin bei mittlerer Hitze 8 Minuten braten. Nach der Hälfte
Baguette oder ein der Garzeit wenden.
gemischter Salat. **4** In der Zwischenzeit das Kartoffelpüree nach Packungsanweisung mit der Milch zubereiten.

5 Die Zitrone vierteln. Rotbarsch, Kartoffelpüree und Remoulade auf vier Tellern anrichten und mit Zitronenspalten garniert servieren.

Gyros in Schafskäsesauce

ZUTATEN FÜR 2 PORTIONEN

2 EL Olivenöl • 1 Packung aufgetautes Gyros (TK-Ware) • 50 ml Metaxa • 100 g Schafskäse • 50 g Sahne • 1/2 Kopf Blattsalat • 1 Ciabatta
2 EL Schmand

Zubereitungszeit:
ca. 10 Minuten

ZUBEREITUNG

1 Das Öl erhitzen und das Gyros darin 2 Minuten braten. Mit
Metaxa ablöschen.

2 Den Schafskäse hineinbröseln, verrühren und anschmelzen
lassen. Mit der Sahne aufgießen und kurz aufkochen.

3 Den Salat in Blätter zerteilen, waschen und trocknen. Das
Ciabatta halbieren und längs aufschneiden. Mit Schmand bestreichen, mit Salat belegen und mit Gyros füllen.

Wenn Kinder mit-
essen, sollten Sie
statt des Metaxa
die entsprechende
Menge Gemüse-
brühe verwenden.

Mexikanisches Hackfleischragout

ZUTATEN FÜR 4 PORTIONEN

2 EL Pflanzenöl • 500 g aufgetautes Hackfleisch halb/halb (TK-Ware)
1 Zwiebel • 250 g passierte Tomaten • 1 Dose Mexikanische Gemüse-
platte • edelsüßes Paprikapulver • Salz, Pfeffer • 100 g Schmand
50 g geriebener Emmentaler • 2 Stängel Petersilie

Zubereitungszeit:
ca. 10 Minuten

ZUBEREITUNG

1 Das Pflanzenöl in einer großen Pfanne erhitzen und das
Hackfleisch darin bei mittlerer Hitze anbraten.

2 Die Zwiebel abziehen, fein würfeln und nach 2 Minuten
zum Fleisch geben. Unter Rühren weitere 6 Minuten braten.

3 Die Tomaten einrühren und aufkochen. Das Gemüse zugeben und mit Paprikapulver, Salz und Pfeffer würzen.

4 Das Hackfleischragout auf vier tiefe Teller verteilen und
jeweils 1 Esslöffel Schmand in die Mitte setzen. Mit dem Käse
und der gehackten Petersilie bestreut servieren.

Süßes und Fruchtiges

Hier finden Sie für jedes Essen einen gelungenen Abschluss. (Im Bild: frittierte Früchte mit goldener Nusssauce, Rezept Seite 116)

Unwiderstehlich schnell

Für viele Genießer ist, auch wenn wenig Zeit ist, ein süßer Abschluss einer schönen Mahlzeit unverzichtbar. Ein kleines Dessert muss nicht immer üppig sein, meistens ist etwas Erfrischendes und Fruchtiges nach sättigenden Gerichten sogar sinnvoller.

Das Angebot an frischen Früchten bei ALDI ist im Allgemeinen sehr reichhaltig, richtet sich aber deutlich nach der Saison. Mit etwas Flexibilität werden Sie aber immer etwas für ein köstliches Dessert finden. Darüber hinaus befinden sich auch genügend andere Zutaten in der Produktpalette von ALDI, so dass Sie immer einiges vorrätig haben können. Mit diesen Voraussetzungen und den folgenden Ideen für schnell zubereitete Nachspeisen sind Sie für alle Fälle bestens gewappnet.

Sherrysabayon mit Trauben

ZUTATEN FÜR 4 PORTIONEN

Zubereitungszeit: je 200 g grüne und blaue Weintrauben • 2 EL Weinbrand • 5 Eigelbe
ca. 10 Minuten 1 Ei • 50 g Zucker • 150 ml Sherry

ZUBEREITUNG

Wenn kernlose **1** Die Weintrauben waschen, von den Stielen zupfen, halbie-
Trauben angeboten ren und entkernen. In einer Schüssel mit dem Weinbrand
werden, nehmen Sie marinieren.
natürlich diese, **2** Eigelbe, Ei und Zucker in einer Edelstahlschüssel mit run-
dann sparen Sie sich dem Boden cremig rühren.
das Entkernen. **3** Den Sherry zugeben und über einem heißen Wasserbad
mit einem Schneebesen aufschlagen, bis das Sabayon
schaumig und dick wird.
4 Die Trauben auf vier Teller verteilen und den Weinschaum
darüber geben.

Blätterteig mit Erdbeercremefüllung

ZUTATEN FÜR 4 PORTIONEN

1 Blätterteigrolle • Mehl zum Bearbeiten • 1 Eigelb • 500 g Erdbeeren
50 g Zucker • 400 g Joghurt • 100 g Sahne • Puderzucker zum
Bestäuben

Zubereitungszeit:
ca. 20 Minuten

ZUBEREITUNG

1 Den Backofen auf 180 °C (Gas Stufe 2, Umluft 160 °C) vorheizen. Den Blätterteig auf einer leicht bemehlten Arbeitsfläche
ausrollen und Kreise von 12 Zentimeter Durchmesser ausstechen. Auf ein mit Backpapier ausgelegtes Backblech legen, mit
Eigelb bestreichen und 10 bis 12 Minuten im heißen Ofen
backen.

2 Die Erdbeeren waschen, putzen, halbieren oder vierteln und
mit dem Zucker bestreuen.

3 Joghurt und Sahne verrühren und die Erdbeeren unterheben.

4 Die gebackenen Blätterteigtörtchen halbieren, die unteren
Hälften mit der Erdbeercreme bedecken und die Deckel darauf setzen. Mit Puderzucker bestreut servieren.

Ganz abgesehen
von den Gaumen-
freuden, die uns
Erdbeeren bereiten,
regen sie den Kör-
perstoffwechsel an,
wirken blutreini-
gend und gleichen
den Mineralstoff-
haushalt aus.

Joghurtkaltschale

ZUTATEN FÜR 4 PORTIONEN

400 g Joghurt • 200 ml Milch • 100 g Zucker • 1 TL Vanillezucker
2 EL Honig • 100 g Beerenmischung (TK-Ware)

Zubereitungszeit:
ca. 10 Minuten

ZUBEREITUNG

1 Joghurt mit Milch, Zucker, Vanillezucker und Honig glatt
rühren. Die tiefgefrorenen Beeren zugeben und mit einem
Mixstab fein pürieren.

2 Die Joghurt-Beeren-Mischung noch halbgefroren auf Teller
verteilen und sofort servieren.

Halbgefrorenes Pflaumenkompott

ZUTATEN FÜR 4 PORTIONEN

50 ml Orangensaft • 75 g Honig • 4 cl Rum • 250 g Trockenpflaumen
100 g Sahne • 50 g Walnüsse

Zubereitungszeit:
ca. 25 Minuten

ZUBEREITUNG

Geschwefelte
Trockenfrüchte ha-
ben den Vorteil, dass
sie sehr lange halt-
bar sind. Allerdings
kann das Schwefel-
dioxid bei besonders
empfindlichen Men-
schen Kopfschmer-
zen und Übelkeit
verursachen.

1 Orangensaft, Honig, Rum und 100 Milliliter Wasser in
einem Topf aufkochen. Die Pflaumen zugeben und bei
schwacher Hitze zugedeckt 10 Minuten garen.
2 Das Kompott vom Herd nehmen und etwas abkühlen
lassen. Anschließend in das Tiefkühlfach stellen und ca. 15 Minuten anfrieren lassen.
3 In der Zwischenzeit die Sahne steif schlagen. Die Walnüsse
hacken und unter die Sahne heben.
4 Je 1 Esslöffel der Sahne in vier Dessertgläser geben, das
Pflaumenkompott darauf verteilen und mit der restlichen
Sahne garnieren.

Frittierte Früchte mit goldener Nusssauce

ZUTATEN FÜR 4 PORTIONEN

Zubereitungszeit:
ca. 25 Minuten

2 Eier • 200 g Mehl • 2 TL Backpulver • 2 EL Pflanzenöl • 250 g Zucker
125 g Butter • 125 g Sahne • 2 TL Zitronensaft • 4 EL Haselnüsse
800 g frische Früchte (z. B. Ananas, Banane, Apfel, Birne) • Öl zum
Frittieren

ZUBEREITUNG

1 Die Eier trennen. Mit Mehl, Backpulver, Pflanzenöl, 50 Gramm
Zucker, Eigelben und 250 Milliliter Wasser einen Teig zubereiten. Kurz ruhen lassen.
2 In der Zwischenzeit die Butter zerlassen, den restlichen
Zucker zugeben und bei schwacher Hitze auflösen. Sahne und

Zitronensaft hinzufügen und aufkochen. Die Nüsse hacken und unter die Sauce heben.

3 Die Früchte waschen oder schälen, entkernen und in mundgerechte Stücke schneiden.

4 Die Eiweißmasse steif schlagen und den Eischnee unter den Teig ziehen.

5 Das Öl auf 180 °C erhitzen. Die Fruchtstücke durch den Teig ziehen und in heißem Öl in 5 Minuten goldbraun frittieren.

6 Die Früchte auf Küchenpapier abtropfen lassen, noch warm mit der Nusssauce beträufeln und sofort servieren.

Für dieses Dessert können Sie Früchte Ihrer Wahl verwenden. Bedenken Sie jedoch, dass Früchte der Saison in der Regel nicht nur preiswerter, sondern auch geschmacklich besser sind.

Pochierte Rotweinbirnen auf Sultaninencreme

ZUTATEN FÜR 4 PORTIONEN

50 g Sultaninen • 4 EL Rum • 2 Birnen • 200 ml Rotwein
100 g Zucker • 1 TL Zitronensaft • 100 g Joghurt • 2 EL Schmand
200 g Sahne

Zubereitungszeit: ca. 20 Minuten

ZUBEREITUNG

1 Die Sultaninen mit dem Rum übergießen und 10 Minuten einweichen.

2 Die Birnen schälen und halbieren. Dabei den Stiel nicht entfernen. Das Kerngehäuse mit einem Löffel ausstechen.

3 Den Rotwein mit 50 Gramm Zucker und Zitronensaft aufkochen. Die Birnenhälften zugeben und zugedeckt 10 Minuten bei schwacher Hitze pochieren.

4 In der Zwischenzeit Sultaninen und Rum mit Joghurt und Schmand vermischen und mit einem Mixstab pürieren. Die Sahne mit dem restlichen Zucker steif schlagen und das Sultaninenpüree unterheben.

5 Die Birnen aus dem Rotwein nehmen, abtropfen lassen und den Rotwein als Spiegel auf Dessertteller gießen. Die Creme darauf verteilen und jeweils 1 Birnenhälfte darauf setzen.

Beerencocktail

ZUTATEN FÜR 2 PORTIONEN

Zubereitungszeit:
ca. 5 Minuten

1 Banane • 200 g Beerenmischung (TK-Ware) • 2 EL Zucker
200 ml Orangensaft • 1 TL Zitronensaft

ZUBEREITUNG

1 Die Banane schälen und in Stücke schneiden. Mit der tiefgefrorenen Beerenmischung, den restlichen Zutaten und
100 Milliliter eisgekühltem Wasser in einen Mixer geben und
2 Minuten pürieren.
2 Den Beerencocktail in zwei gekühlte hohe Cocktailgläser
füllen und eiskalt servieren.

Panna Cotta

ZUTATEN FÜR 4 PORTIONEN

Zubereitungszeit:
ca. 25 Minuten

250 g Beerenmischung (TK-Ware) • 150 g Zucker • 50 ml Rotwein
800 g Sahne • 1 Päckchen Vanillezucker • 2 EL Kirschlikör
6 Blatt Gelatine

ZUBEREITUNG

Damit Tiefgefrore-
nes nicht an- oder
sogar aufgetaut ist,
bis Sie vom Einkauf
zu Hause sind, soll-
ten Sie Tiefkühlware
in dafür geeigneten
Gefriertaschen
transportieren.

1 Die Beeren mit 50 Gramm Zucker, Rotwein und 100 Milliliter Wasser 10 Minuten bei mittlerer Hitze kochen. Pürieren,
durch ein Sieb streichen und abkühlen lassen.
2 Die Sahne mit dem Vanillezucker aufkochen. Vom Herd
nehmen und den restlichen Zucker und das Kirschwasser
einrühren. Etwas abkühlen lassen.
3 Die Gelatine in kaltem Wasser einweichen, ausdrücken und
in wenig warmem Wasser auflösen. Die Gelatinemasse in die
Sahne einrühren und in Portionsförmchen abfüllen. Über
Nacht an einem kühlen Ort fest werden lassen.
4 Die Sahnecreme aus der Form lösen, auf einen Teller stürzen
und mit der Beerensauce umgießen.

Apfelküchlein

ZUTATEN FÜR 4 PORTIONEN

250 g Äpfel • 2 EL Zitronensaft • 100 g Mehl • 50 g Zucker • 2 Eier
2 EL Milch • 2 EL Butter • Puderzucker zum Bestäuben

Zubereitungszeit:
ca. 20 Minuten

ZUBEREITUNG

1 Die Äpfel schälen, vierteln, vom Kerngehäuse befreien, in
Würfel schneiden und mit Zitronensaft beträufeln.
2 Aus Mehl, Zucker, Eiern, Milch und 250 Milliliter Wasser
einen glatten Pfannkuchenteig zubereiten und die Apfelwürfel unterheben.
3 Die Butter in einer Pfanne erhitzen. Jeweils 2 Esslöffel Teig in
die Pfanne geben und zu kleinen Küchlein glatt streichen. Bei
mittlerer Hitze auf jeder Seite 3 Minuten backen.
4 Die Apfelküchlein mit Puderzucker bestäuben und sofort
servieren.

Zitronen-Quark-Speise

ZUTATEN FÜR 4 PORTIONEN

500 g Quark • 100 g Zucker • 2 EL Honig • Saft von 4 Zitronen
6 Eiweiße • 2 Zitronen • 2 Orangen

Zubereitungszeit:
ca. 20 Minuten

ZUBEREITUNG

1 Quark, Zucker, Honig und Zitronensaft zu einer homogenen
Masse verrühren.
2 Die Eiweißmasse steif schlagen. 1/3 des Eischnees mit dem
Zitronenquark verrühren. Das restliche Eiweiß vorsichtig unterheben. In Glasschälchen füllen.
3 Zitronen und Orangen schälen, so dass auch die weiße Haut
entfernt ist, und die Filets mit einem kleinen Messer aus den
Zwischenwänden lösen. Den Zitronenquark mit den Fruchtfilets garnieren.

**So testen Sie, wie
frisch ein Ei ist: Le-
gen Sie das Ei in ein
mit Wasser gefülltes
Glas. Sinkt das Ei zu
Boden und bleibt
dort liegen, dann
ist es frisch.**

Birne Hélène

ZUTATEN FÜR 4 PORTIONEN

Zubereitungszeit:
ca. 20 Minuten

4 Birnen • 50 ml Weißwein • 150 g Zucker • 1 EL Zitronensaft
50 g Mandeln, gehobelt • 50 g Zartbitterschokolade • 1 EL Weinbrand
50 g Sahne

ZUBEREITUNG

Wenn Sie die Mahl-
zeit mit einem Klas-
siker abschließen
möchten, ist Birne
Hélène genau das
Richtige. Dieser ge-
lungenen Kombina-
tion von Schokolade
und Birne kann
kaum jemand
widerstehen.

1 Die Birnen schälen, mit Stiel halbieren und vom Kerngehäuse befreien. Weißwein, 100 Gramm Zucker, Zitronensaft und
200 Milliliter Wasser aufkochen und die Birnen darin 5 Minuten bei schwacher Hitze garen. Im Sud abkühlen lassen.
2 Die Mandelsplitter in einer beschichteten Pfanne ohne
Fettzugabe anrösten.
3 Die Zartbitterschokolade grob hacken und mit Weinbrand,
2 Esslöffeln Wasser und dem restlichen Zucker schmelzen. Die
Sahne unterrühren.
4 Die Birnen aus dem Sud nehmen, abtropfen lassen und
fächerartig einschneiden.
5 Je 2 Birnenhälften auf einem Teller anrichten, mit Mandeln
bestreuen und mit der Schokoladensauce beträufeln.

Tropischer Sommer

ZUTATEN FÜR 2 PORTIONEN

Zubereitungszeit:
ca. 5 Minuten

1 Banane • 200 g Tropischer-Früchte-Mix (TK-Ware) • 1 TL Vanillezucker • 2 EL Honig • 4 EL Mandeln • 250 ml Orangensaft

ZUBEREITUNG

1 Die Banane schälen, in Stücke schneiden und mit den gefro-
renen Früchten, den restlichen Zutaten und 100 Milliliter eisgekühltem Wasser in einem Mixer 2 Minuten pürieren.
2 Das Fruchtpüree in zwei gekühlte hohe Cocktailgläser füllen und eiskalt servieren.

Überbackene Erdbeeren

ZUTATEN FÜR 4 PORTIONEN

500 g Erdbeeren • 100 g Zucker • 1 EL Zitronensaft • 4 Eigelbe
100 ml Sekt • 100 g Sahne • 1 EL Butter

Zubereitungszeit:
ca. 20 Minuten

ZUBEREITUNG

1 Die Erdbeeren, waschen, putzen und vierteln. Die Früchte
mit 50 Gramm Zucker bestreuen und mit Zitronensaft
beträufeln.

2 Die Eigelbe mit dem Sekt und dem restlichen Zucker vermischen und in 5 Minuten über einem Wasserbad cremig
aufschlagen. Die Sahne steif schlagen und unter die Eiercreme
ziehen.

3 Vier kleine Auflaufformen buttern, die Erdbeeren darauf
verteilen und mit der Creme bedecken. Im vorgeheizten Ofen
bei 250 °C (Gas Stufe 6, Umluft 230 °C) 2 Minuten überbacken.

*Sommerfrüchte, ein-
mal heiß aus dem
Backofen: über-
backene Erdbeeren.
Der Schuss Sekt in
der Kruste sorgt für
den besonderen Pfiff.
Ersetzen Sie ihn
durch Apfelsaft,
wenn Kinder
mitessen.*

Quark-Rosinen-Gratin mit Pfirsichen

ZUTATEN FÜR 4 PORTIONEN

Zubereitungszeit: ca. 25 Minuten

75 g Rosinen • 2 EL Rum • 1 Dose Pfirsiche • 500 g Quark • 50 g Zucker
1 EL Zitronensaft • 50 g gehackte Walnüsse • 3 EL Butter

ZUBEREITUNG

1 Die Rosinen in Rum 10 Minuten einweichen. Die Pfirsiche abtropfen lassen.

2 Den Quark mit Zucker und Zitronensaft glatt rühren. Die Walnüsse und die Rosinen mit Rum unterheben.

3 Vier feuerfeste Teller buttern, den Quark darauf verteilen und glatt streichen. Die Pfirsiche vierteln und auf den Rand setzen. Die Butter zerlassen und über den Quark träufeln.

4 Den Quark im Backofen bei 200 °C (Gas Stufe 3–4, Umluft 180 °C) 5 Minuten gratinieren, bis er leicht braun wird.

Nach dem Essen, aber auch zu den meisten Desserts schmeckt ein Espresso besonders gut.

Andalusische Aprikosen

ZUTATEN FÜR 4 PORTIONEN

Zubereitungszeit: ca. 25 Minuten

1 Dose Aprikosen • 100 ml Weißwein • 50 g Zucker • Saft von 1 Zitrone
250 g Himbeeren (TK-Ware) • 50 g Puderzucker • 2 EL Obstler
750 g Vanilleeis

ZUBEREITUNG

1 Die Aprikosen abtropfen lassen und dabei die Flüssigkeit auffangen.

2 Weißwein mit Zucker, Zitronensaft und Abtropfflüssigkeit aufkochen und vom Herd nehmen. Die Aprikosen hineinlegen und 15 Minuten darin marinieren.

3 Die aufgetauten Himbeeren durch ein Sieb streichen und mit Puderzucker und Obstler verrühren.

4 Aus dem Eis Kugeln ausstechen und auf Teller verteilen. Die Aprikosen auf das Eis legen und mit Himbeeren überziehen.

Birnen mit Blauschimmelkäsefüllung

ZUTATEN FÜR 4 PORTIONEN

4 Birnen • 100 g Blauschimmelkäse • 50 g Butter • 1 EL Sherry
50 g Mehl • 2 Eier • 100 g Semmelbrösel • Öl zum Frittieren

Zubereitungszeit:
ca. 25 Minuten

ZUBEREITUNG

1 Die Birnen schälen und halbieren. Dabei den Stiel nicht entfernen. Das Kerngehäuse mit einem Löffel entfernen.
2 Den Blauschimmelkäse mit Butter und Sherry verkneten. Die Birnenhälften mit der Blauschimmelkäsemischung füllen, die Schnittflächen mit Mehl bestäuben und die Hälften wieder zusammensetzen.
3 Die Eier verschlagen. Die Birnen erst in Mehl, dann in Ei und abschließend in Semmelbröseln wälzen.
4 Das Öl auf 180 °C erhitzen und die Birnen darin in 6 bis 8 Minuten goldbraun ausbacken. Herausnehmen, auf Küchenpapier abtropfen lassen und noch warm servieren.

Haselnussparfait

ZUTATEN FÜR 4 PORTIONEN

5 Eigelbe • 100 g Haselnüsse • 100 g Zucker • Zimt • 2 EL Weinbrand
250 g Sahne

Zubereitungszeit:
ca. 30 Minuten

ZUBEREITUNG

1 Die Eigelbe in eine Edelstahlschüssel geben und über einem Wasserbad aufschlagen, bis die Masse cremig wird.
2 Die Haselnüsse reiben. Mit Zucker, Zimt und Weinbrand in die Eimasse einrühren. Die Schüssel in Eiswasser setzen und die Eimasse weiter schlagen, bis sie etwas abgekühlt ist.
3 Die Sahne steif schlagen und unter die Eimasse heben. In eine Form füllen und für mindestens 4 Stunden in das Tiefkühlfach stellen.

Durch die Zugabe von etwas Zimtpulver verleihen Sie dem Parfait eine besondere Note.

Bananen in Mandelpanade mit Sauerkirschen

ZUTATEN FÜR 4 PORTIONEN

Zubereitungszeit: 100 g Mandeln • 2 EL Zucker • 4 EL Semmelbrösel • 4 Bananen • 2 Eier
ca. 20 Minuten · 50 g Butter • 2 cl Rum • 200 g Schattenmorellen aus dem Glas
1 EL Zitronensaft

ZUBEREITUNG

Schattenmorellen im Glas sollten Sie immer auf Vorrat haben. Sie lassen sich lange aufbewahren und sind vielseitig einsetzbar.

1 Die Mandeln fein hacken und mit Zucker und Semmelbröseln vermischen. Die Bananen schälen. Die Eier verschlagen.
2 Die Butter erhitzen. Die Bananen erst in Ei, dann in der Mandel-Semmelbrösel-Mischung wenden und in der Butter bei schwacher Hitze 6 Minuten braten. Nach Hälfte der Garzeit vorsichtig wenden.
3 Den Rum zugießen, erhitzen und entzünden. Ausbrennen lassen und die Bananen auf Tellern anrichten.
4 Die Kirschen in die Pfanne geben und erhitzen. Mit Zitronensaft ablöschen, zu den Bananen geben und servieren.

Apfelsahne auf Löffelbiskuits

ZUTATEN FÜR 4 PORTIONEN

Zubereitungszeit: 4 Äpfel • Saft von 1 Zitrone • 2 EL Zucker • 2 EL Rum • 200 g Sahne
ca. 15 Minuten · 16 Löffelbiskuits • 50 g gehobelte Mandeln • 1 EL Butter

ZUBEREITUNG

1 Die Äpfel schälen, vierteln, vom Kerngehäuse befreien und grob raspeln. Mit Zitronensaft, Zucker und Rum vermischen. Die Sahne steif schlagen und die Apfelraspel unterheben.
2 Die Löffelbiskuits zerbröseln und in vier Glasschalen füllen. Die Apfelsahne darauf verteilen.
3 Die gehobelten Mandeln in Butter anrösten und die Apfelsahne damit garnieren.

Bananenquark mit Zitrusfrüchten

ZUTATEN FÜR 4 PORTIONEN

1 Dose Mandarinen • 2 Bananen • 500 g Quark • 4 EL Sahne
2 EL Honig • 2 Orangen • 2 Zitronen

Zubereitungszeit:
ca. 15 Minuten

ZUBEREITUNG

1 Die Mandarinen abtropfen lassen und dabei 2 Esslöffel Saft auffangen.

2 Die Bananen schälen, mit einer Gabel zu Brei zerdrücken und unter den Quark ziehen. Mandarinensaft, Sahne und Honig zugeben und mit dem Bananenquark verrühren.

3 Orangen und Zitronen schälen, die Fruchtfilets aus den Zwischenwänden lösen und mit den Mandarinen vermischen.

4 Den Quark auf vier Dessertschalen verteilen und die Zitrusfrüchte darüber geben.

Grand-Marnier-Crêpes

ZUTATEN FÜR 4 PORTIONEN

200 g Mehl • Salz • 50 g Zucker • 300 ml Milch • 80 ml Grand Marnier
2 Eier • 2 Eigelbe • 2 EL Pflanzenöl

Zubereitungszeit:
ca. 20 Minuten

ZUBEREITUNG

1 Für den Teig Mehl und Salz in eine Schüssel sieben. Zucker, Milch und die Hälfte des Grand Marnier einarbeiten und Eier und Eigelbe nach und nach unterschlagen.

2 Etwas Öl in einer Pfanne erhitzen. Eine Schöpfkelle Teig in die Pfanne geben und verlaufen lassen, so dass der Boden dünn bedeckt ist. 2 Minuten backen, mit Hilfe einer Palette wenden und weitere 2 Minuten backen. Aus der Pfanne nehmen und warm halten, bis alle Crêpes zubereitet sind.

3 Die Crêpes aufeinander nochmals in die Pfanne geben, mit dem restlichen Grand Manier begießen und flambieren.

Besonders ansprechend sieht es aus, wenn Sie die Teller, bevor Sie die Crêpes darauf anrichten, mit etwas Puderzucker bestäuben.

ÜBER DEN AUTOR

Norbert Müller studierte Amerikanistik. Als gelernter Koch arbeitet er zusätzlich als Kochbuchautor und -redakteur. Sein Fachgebiet sind Kräuter und Gemüse, seine erklärte Liebe die Küchen ferner Länder.

LITERATUR

Donhauser, Rose Marie: Trennkost mit ALDI. Südwest Verlag. 2. Auflage, München 2000
Fronek, Heidrun: Party mit ALDI. Südwest Verlag. 2. Auflage, München 1999
Fronek, Heidrun: Kochen mit ALDI. Südwest Verlag. 6. Auflage, München 2000
Fronek, Heidrun/Müller, Norbert: Zuckerfrei und süß – schlanke Rezepte. Südwest Verlag. München 1999
Müller, Norbert: Schnelle Köstlichkeiten aus dem Wok. Südwest Verlag. München 2000
Müller, Norbert: Zucchini, Tomaten, Kürbis. Südwest Verlag. München 1999
Müller, Norbert: Gesunde Kräuterküche. Südwest Verlag. München 1999

BILDNACHWEIS

Alle Bilder stammen von Dirk Albrecht in Meinerzhagen, mit Ausnahme von: Image Bank, München: U1 (Romilly Lockyer); Südwest Verlag, München: 1, 6/7 (Rolf Seiffe), 2/3 (Amos Schliack), 126 (N.N.)

HINWEIS

Das vorliegende Buch ist sorgfältig erarbeitet worden. Dennoch erfolgen alle Angaben ohne Gewähr. Weder Autor noch Verlag können für eventuelle Nachteile oder Schäden, die aus den im Buch gemachten praktischen Hinweisen resultieren, eine Haftung übernehmen.

IMPRESSUM

© 2000 Südwest Verlag, München, in der Econ Ullstein List Verlag GmbH & Co. KG, München

Redaktion:
Christian Hilt
Projektleitung:
Dr. Alex Klubertanz
Redaktionsleitung:
Dr. Christiane Lentz
Bildredaktion:
Tanja Nerger
Produktion:
M. Metzger (Leitung),
A. Aatz
Umschlag:
Heinz Kraxenberger,
München
Layout:
Dr. Alex Klubertanz/
Matthias Liesendahl
DTP:
Matthias Liesendahl

Printed in Italy
Gedruckt auf chlor- und säurearmem Papier

ISBN 3-517-08113-2